FRÈRE ÉLIE

Ouvrages d'Anne-Marie Baron :

Le Paris de Balzac, Éditions Alexandrines, coll. « Le Paris des écrivains », Paris, 2016.

Balzac occulte. Alchimie, magnétisme, sociétés secrètes, L'Âge d'Homme, coll. « Océan noir », Paris, 2013.

Honoré de Balzac à 20 ans. L'esclave de sa volonté, Au Diable Vauvert, Vauvert, 2012.

Romans français du XIXe siècle à l'écran : problèmes de l'adaptation, Presses Universitaires Blaise Pascal, coll. « Cahiers romantiques », Clermont-Ferrand, 2008.

Balzac et la Bible. Une herméneutique du romanesque, Éditions Honoré Champion, coll. « Romantisme et modernité », Paris, 2007.

Balzac ou les hiéroglyphes de l'imaginaire, Éditions Honoré Champion, coll. « Romantisme et modernité », Paris, 2002.

Le Dernier Jour d'un condamné, Victor Hugo. Livre du professeur, Hatier, coll. « Classiques & Cie », Paris, 2002.

Balzac ou l'auguste mensonge, Nathan, coll. « Le texte à l'œuvre », Paris, 1998.

Le fils prodige. L'inconscient de « La Comédie humaine », Nathan, coll. « Le texte à l'œuvre », Paris, 1993.

Balzac cinéaste, Méridiens Klincksieck, Paris, 1990.

Orson Welles, Éditions PAC, coll. « Grand écran », Paris, 1987.

Ouvrage traduit par Anne-Marie Baron :

Ésotérisme biblique de Salvatore Attal, traduction, présentation et notes, L'Âge d'Homme, coll. « Océan noir », 2015.

Salvatore Attal

Frère Élie

compagnon de François d'Assise

Traduction et présentation d'Anne-Marie Baron

salvator

Édition originale : © Edizione Mediterraneo, Rome, 1936

Yves Briend Éditeur
103, rue Notre-Dame-des-Champs F-75006 Paris
contact@editions-salvator.com
www.editions-salvator.com

Maquette intérieure : Atlant'Communication
Maquette de couverture : Atelier Didier Thimonier

ISBN : 978-2-7067-1624-9

Présentation

Après saint François d'Assise, Élie, dit Élie de Cortone, est probablement le personnage le plus important, mais le plus méconnu, de l'histoire des débuts de l'ordre franciscain. Il est né à Assise en 1180 et mort à Cortone en 1253. Compagnon de François, il a été son vicaire de 1221 à 1227, sous son contrôle jusqu'en 1226 ; puis a été élu second général de l'ordre en 1232[1], après Jean Parenti, et l'est resté jusqu'en 1239. C'est lui qui a organisé le mouvement franciscain, contribuant à créer – avec François et le cardinal Hugolin, futur pape Grégoire IX – l'ordre dont il a été pendant une vingtaine d'années le guide bienveillant et le dirigeant énergique. Car, même pendant les années où il n'était pas au pouvoir, il a exercé une influence certaine.

Mais, au cours de son dernier mandat, il a dû affronter de graves dissensions entre les *zelanti*, attachés à la lettre de l'enseignement de François et au principe de pauvreté, et les doctes, qui en souhaitaient l'évolution ; entre les laïcs et les clercs, les futurs « spirituels » et « conventuels ». Alors, accusé de trahison à l'idéal du saint, il est expulsé de l'Église et de l'ordre, considéré comme rebelle et excommunié. D'où l'oubli, la méconnaissance ou l'occultation délibérée dont il a été l'objet pendant quelques siècles. Dans la bibliothèque du Sacro Convento d'Assise, on trouve encore d'anciens ouvrages où les pages qui se rapportent à frère Élie ont été volontairement arrachées. C'est ce personnage

1. Quoique désigné comme ministre par François le 10 mars 1221, il n'a pas réussi à se faire élire par le chapitre général de 1230.

controversé, « figure tragique par excellence[1] », que Salvatore Attal, dit Soter, entend réhabiliter, anticipant ainsi sur la tendance de la recherche actuelle.

Intérêt de cette biographie

Car il n'existe pas, en 1936, de véritable biographie moderne de cet homme à la destinée exceptionnelle, en dehors de celle, déjà ancienne, du pasteur protestant Édouard Lempp (1901), très partisane, avec laquelle l'auteur de celle-ci souligne son désaccord. Il tient, dit-il, à réparer la grande injustice qu'a constituée l'effacement délibéré de ce personnage exceptionnel de l'histoire franciscaine. Car, comme le souligne Jacques Dalarun[2], si le charisme de François a été l'élément essentiel pour créer le grand élan populaire capable de rassembler tant de fidèles, il a fallu des papes pour accueillir et canaliser ce mouvement. Il a fallu aussi, soulignons-le, un homme assez talentueux pour servir de truchement et structurer, en accord avec eux, un ordre doté d'une Règle, d'une hiérarchie, de couvents et d'églises.

On trouve peu de portraits de frère Élie, sans doute à cause des aspects controversés de sa vie et en particulier à cause de son excommunication. Un crucifix de Giunta Pisano (mort en 1260), célèbre peintre des ordres mendiants, réalisé à la tempera et à l'or sur bois en 1236 pour la basilique d'Assise, le représente

1. Giulia Barone, *Da frate Elia agli Spirituali*, Edizioni Biblioteca francescana, « Fonti e ricerche », 1999, p. 8.
2. *François d'Assise. Écrits, vies, témoignages. Sources Franciscaines Édition du VIIIe Centenaire*, Éditions Franciscaines/Cerf, Paris, 2010, 2 volumes ; *François d'Assise en questions*, CNRS Éditions, Paris, 2016 ; Thomas de Celano, *La vie de notre bienheureux père François*, traduction française annotée et concordances par Jacques Dalarun, *Études franciscaines*, 2015, 2 ; bonus du film *L'Ami. François d'Assise et ses frères*, réalisé en 2016 par Renaud Fély et Arnaud Louvet, Blaq Out, 2017.

vêtu de l'habit franciscain et coiffé du béret « arménien », agenouillé au pied de la croix. Commandé par frère Élie, il a été détruit au XVIIe siècle, mais maintes fois reproduit par la gravure aux XVIIe et XVIIIe siècles. On trouve aussi une image de lui sur le frontispice d'un volume du XVIe siècle conservé au collège franciscain de Saint-Laurent-de-Brindes à Rome. L'église de Cortone possède quelques portraits, dont une toile et un bas relief de bronze avec la relique de la sainte Croix qu'il a rapportée d'Orient. Mais en 2003, pour le 750e anniversaire de sa mort, le « vrai visage » d'Élie a pu être reconstitué en trois dimensions par des techniques de pointe grâce au professeur Francesco Mallegni. Ce visage barbu, au nez busqué et aux yeux francs, paraît désormais plus proche de nous, plus aisé à comprendre avec ses traits affirmés qui indiquent la fermeté d'un caractère bien trempé.

Annonçant la tendance actuelle à la réhabilitation d'Élie, Soter nous restitue, dès 1936, par ce texte – mis à jour et réédité en 1953 (Fides, Gênes) – son visage, sa personnalité, et nous fait mesurer la grandeur de son action. Il souligne le rôle qu'il a joué dans la création de l'ordre franciscain et relate « les faits extraordinaires qui font de sa vie un des romans les plus passionnants du Moyen Âge ». Ses talents d'organisateur et sa vaste culture le font envoyer en mission en Syrie[1] en 1217, dès le premier chapitre du mouvement qui organise le monde en provinces. Il fait de cette région la province la plus importante. Jouissant de la pleine confiance de François, qu'il y accueille en 1219, il le convainc, au retour de la croisade – avec le cardinal Hugolin, futur pape Grégoire IX – de créer un ordre conforme aux décisions du concile du Latran de 1215 sur les ordres monastiques et religieux, pour structurer la vie de ses frères, passés de douze à cinq mille. Il l'incite à en écrire la Règle et à l'imposer, puis, à sa

1. « Syrie, Romanie et Outre-Mer » dit le texte, ce qui représente l'empire de Constantinople, la Grèce, l'Asie Mineure, Antioche, la Palestine, Chypre, l'Égypte et tout le reste du Levant, avec naturellement Jérusalem et les lieux saints comme centre de la nouvelle province.

demande, le décharge de tout souci d'organisation matérielle et prend la direction de l'ordre, permettant ainsi au Père séraphique de finir sa vie dans la méditation et la prière.

L'intérêt de ce texte, qui fait encore autorité par son parti pris courageux et sa riche documentation malgré l'avancement de la recherche et les découvertes récentes de nouveaux manuscrits franciscains, est de mettre en lumière autant que possible – étant donné la rareté des documents spécifiques sur la vie d'Élie, si étroitement liée à celle de saint François et à la naissance de l'ordre – des points fondamentaux, à la fois historiques, biographiques et spirituels, de cette existence hors du commun.

Il retrace la vie de François et ses derniers jours, la façon dont Élie a accompagné ses souffrances et dont le saint lui a transmis son esprit, qui n'a cessé d'inspirer les décisions du vicaire et du ministre.

Il souligne le rôle capital et trop peu connu joué auparavant auprès du saint par la forte personnalité d'Élie, conscient de la nécessité de créer un ordre, alors que François, laïc, est tourné vers le peuple et voué à la prière et à l'imitation du Christ. Bien que la spécificité franciscaine soit d'être la seule spiritualité qui n'aspire pas à créer une institution, il a incité le *Poverello* à organiser un ordre, à passer du « vagabondage » à la sédentarité des couvents, de la mendicité à une vie plus supportable, de l'érémitisme des cabanes à l'opulence de la basilique et du Sacro Convento. Car comment soulager la misère en restant dans la misère ? Ne faut-il pas disposer d'un minimum de moyens pour aider les pauvres ? Soter souligne ce paradoxe fondateur, cette opposition si féconde entre le rêve et la réalité, l'idéal et sa matérialisation, « l'intuition et l'institution » (comme le note le franciscain Théophile Desbonnets[1]). Cette opposition et cette complémentarité ont été mises en scène par le beau film franco-italien de Renaud Fély

1. Saint François d'Assise, *Documents, écrits de François et premières biographies* rassemblés par les pères Théophile Desbonnets et Damien Vorreux, o.f.m., Éditions Franciscaines, Paris, 1968 ; 3e éd. 2002.

et Arnaud Louvet *L'Ami. François d'Assise et ses frères*, réalisé en 2016 avec Jérémie Renier dans le rôle d'Élie et Elio Germano dans celui de François.

Il explique comment se sont créés et consolidés les liens administratifs et financiers – qui durent jusqu'à aujourd'hui – entre les franciscains et la papauté, l'ordre, voué à la pauvreté, ne pouvant posséder que l'usufruit des biens dont les papes ont la propriété. L'acte notarié de donation du terrain, puis du bâtiment de la basilique en est le meilleur exemple. La prise de possession officielle advient avec la bulle *Recolentes qualiter* du 22 octobre 1229 où l'Église déclare la basilique en construction propriété apostolique, en la mettant sous l'immédiate tutelle du Saint-Siège. En vertu de ce principe, des administrateurs vont donc être chargés, dans les différentes provinces, de procéder, sous l'autorité du pape, à tous les actes concernant l'usufruit. Ainsi étroitement lié à la papauté depuis sa création, ce qui était la condition même de son existence, l'ordre de saint François est celui qui a fourni le plus de saints canonisés et qui a reçu la plus grande quantité des indulgences et des grâces dont l'Église dispose. Les papes l'ont toujours comblé de privilèges et de prérogatives.

Soter montre comment Élie et les Franciscains se sont trouvés mêlés à la lutte implacable du pape Grégoire IX et de l'empereur Frédéric II, deux fois excommunié. Des portraits très précis rendent l'Histoire vivante. D'une part, le cardinal Hugolin, juriste expert, grand codificateur, si soucieux de la grandeur de l'Église, a mesuré mieux que personne l'importance de l'apport que le génie du *Poverello* constituait pour elle et a tenu à « donner forme à l'informe ». Devenu Grégoire IX, il a été un souverain absolu et intransigeant, très attaché à François, qu'il a canonisé comme Antoine de Padoue, mais aussi capable d'excommunier deux fois l'empereur et Élie. D'autre part, Frédéric II de Hohenstaufen, empereur d'Allemagne d'une rare autorité morale, précurseur de l'État moderne, dominateur et centralisateur, qui a mis fin au système féodal, a été un grand souverain et le mécène de tous les arts et les sciences de son temps. Élie, excellent diplomate, a tout tenté pour mettre un terme aux hostilités entre ces deux grands hommes qui dominaient leur siècle, sans résultat, mais avec des conséquences fâcheuses sur sa carrière. Il a été accusé de cupidité, d'orgueil, d'arrogance et de tous les forfaits par ses frères mêmes.

Soter éclaire la question de la croisade et des liens qui se sont créés entre les franciscains et les musulmans. Premier missionnaire en Orient, Élie y a préparé l'arrivée de François, accueilli comme un saint par les sultans d'Égypte et du Maroc, dont il a obtenu un écrit impérial accordant à lui et à ses frères le droit d'aller partout dans les possessions sarrasines sans payer de tribut. Même si l'évangélisation a bientôt été mal perçue, les communautés franciscaines ont été depuis très présentes en Orient.

Il montre qu'à la suite des croisades, l'union de l'Église romaine était devenue un des problèmes fondamentaux de la politique des papes et souligne le souci constant – si actuel – qu'a eu Élie de réconcilier les Églises grecque et latine dont il trouvait la séparation absurde.

Un esprit supérieur

Rétablir, en dehors de toute passion partisane, la vérité sur cette vie vouée à l'ordre est l'objectif de cette biographie, à la fois rigoureuse et passionnée. Elle montre qu'Élie, esprit supérieur, grand politique, organisateur de talent, habile maître d'œuvre, constructeur audacieux, a eu sept siècles d'avance sur son temps. C'est ce qui l'a perdu, bien qu'il ait respecté jusqu'à la fin de sa vie la *vera et perfecta lætitia* et la *sancta simplicitas* prônées par François. Son premier biographe Thomas de Celano écrit qu'« il fut une mère pour le saint fondateur et un père pour tous les frères » ; mais un père dévoué et non un père autoritaire ou arbitraire. Pourquoi donc ce visionnaire a-t-il été si haï et si attaqué ?

Peut-on supposer que cet homme curieux de toutes les sciences, y compris, selon les biographes Clareno et Salimbene, l'alchimie[1], c'est-à-dire la chimie moderne, en ait été puni ? Non, car ayant été au contact de savants arabes en Syrie et à la cour de Frédéric II, il est fort possible que, comme frère Bonaventure d'Iseo (son contemporain mort en 1250), auteur du *Liber Compostille*, il ait pratiqué une activité de type alchimique ou pharmacologique. Les secrets métallurgiques de la fabrication des cloches de la basilique en relèveraient aussi. Quoi qu'il en soit, les sonnets alchimiques sur la pierre philosophale à lui attribués – mythe, imposture ou réalité ? –, s'ils sont avérés, ce qui n'est pas encore le cas, concerneraient une activité annexe (nous dirions aujourd'hui un *hobby*), à la fois poétique et thérapeutique, liée aux travaux des frères sur les pierres, les métaux et les plantes médicinales pour soigner les malades – surtout les lépreux – et lever des fonds pour la construction ; d'autre part la réputation d'alchimiste, prêtée à Élie à partir du XVe siècle, témoigne surtout de sa renommée. Quant à la pratique, elle n'a été condamnée et n'est devenue un délit qu'à la fin du XIIIe siècle, d'après les *Constitutiones generales antiquæ* des frères mineurs. Enfin, *le Grand Œuvre alchimique*, inspiré par la Genèse (2, 7), va avoir une visée de plus en plus spirituelle, puisqu'à travers la subtilisation de la matière et la matérialisation subjective et objective de l'esprit, il implique, en milieu chrétien, trois postulats que n'aurait pas reniés François : le culte particulier du Christ, censé éclairer l'esprit de l'adepte, la fraternité entre tous les chrétiens et la bienfaisance envers tous les hommes. Cela explique qu'il ait

1. Voir Alfredo Perifano, « Deux sonnets alchimiques attribués à frère Élie de Cortone », *Chrysopœia*, 2, 1988, p. 385-390, cité par Jean-Claude Margolin, Sylvain Matton, *Alchimie et philosophie à la Renaissance*, actes du colloque international de Tours (4-7 décembre 1991), Vrin, Paris, 1993 ; Paolo Capitanucci, « Francescani e alchimia fra mito e realtà : la leggenda di Elia alchimista », in *Elia di Cortona tra realtà e mito*, Fondazione CISAM, « Figure e temi francescani » 2, Spolète, 2014.

intéressé tant de franciscains, comme Roger Bacon (1214-1294) ou Arnaud de Villeneuve (vers 1240-1311), auteur du *Tractatus parabolicus.*

Si on a tant haï Élie, c'est plutôt parce qu'on l'a accusé – frère Léon le premier – d'avoir trahi l'idéal franciscain de pauvreté en faisant sortir les frères de la vie errante et de la mendicité et en créant, sous l'égide du cardinal Hugolin, puis du pape Grégoire IX, un ordre officiel, correctement logé dans des couvents de pierre, à la stricte hiérarchie et à la Règle inflexible. Son objectif était de jeter les bases d'une organisation multinationale, avec des biens solides et une réputation intellectuelle à son crédit. Il y a réussi, mais l'édification de la somptueuse basilique n'a fait qu'étayer les accusations qui pesaient sur lui : les *poverelli* avaient-ils le droit de construire en dur ? On est loin de la modeste Portioncule, petite portion de terre, minuscule église d'Assise remise en état par François de ses propres mains !

Parce qu'on a cru déceler chez lui des ambitions politiques et des goûts de luxe, alors qu'en bon diplomate, il pensait en terme d'image, avait un sens inné de la représentation, de la communication, de la persuasion et savait qu'il devait en imposer pour tenter de mettre fin à l'hostilité entre le pape et l'empereur, si funeste pour toute la chrétienté. La politique a ses exigences. Mais de ce fait, la présence de frère Élie à la direction de l'ordre franciscain a paru dangereuse à la curie romaine. Les Frères mineurs, les plus fidèles alliés du Saint-Siège, n'ont pu tolérer un général de l'ordre considéré comme partisan de l'empereur. Pour Soter, Élie était simplement partisan de la réconciliation. Il voulait la paix entre le pouvoir politique et le pouvoir spirituel, et cherchait un juste accord sauvegardant la dignité de l'un et de l'autre. « Le drame de frère Élie », selon le titre du livre de Primo Dallari (Unione Editoriale Italiana, Milan, 1974)[1] pourrait bien

1. L'auteur taxe le texte de Soter d'apologétisme, mais fait la même analyse que lui et arrive aux mêmes conclusions.

être d'avoir eu le tort d'être en désaccord avec le pape sur des questions temporelles.

Cette biographie a été écrite par Soter à la demande des franciscains d'Assise en 1936, six ans après celle de saint François, et constitue un plaidoyer pour la réhabilitation d'Élie. Quoique se défendant de faire un panégyrique, l'auteur, en vrai redresseur de torts, martèle avec une conviction inébranlable qu'il y va de l'objectivité et de la justice, d'où le ton apologétique, voire hagiographique de ce portrait en action, malgré le sérieux de sa documentation historique.

Analyse du texte

Le premier chapitre se livre à un examen critique des rares sources spécifiques sur la vie d'Élie : lettres, actes notariés, documents impériaux, bulles papales et quelques biographies anciennes et modernes, favorables ou hostiles, dont Soter compare les auteurs, clairement répartis entre ennemis personnels d'Élie et adversaires de ses principes.

Parmi les anciennes, qui ont suivi de près la mort de François : les deux *Vies* de Thomas de Celano (1228-1230 et 1244-1247), premier biographe de François d'Assise ; le *Miroir de Perfection*, attribué à frère Léon, dont les passages les plus anciens ne parlent pas de frère Élie, mais qui devient ensuite un écrit polémique et hostile ; les *Chroniques* de frère Salimbene, très partisanes mais très précieuses par le ton de vérité d'un familier et d'un témoin oculaire ; la *Chronique* de Jourdain de Giano, dictée en 1262, rappelle les souvenirs émus d'un frère qui a connu frère Élie, mais a passé presque toute sa vie en mission en Allemagne ; la chronique *De adventu Fratrum Minorum in Angliam* de Thomas d'Eccleston, écrite vers la même époque, fournit de précieux détails sur le parti des Anglais qui a causé la chute de frère Élie et sur les principaux hommes qui ont pris part à la conjuration.

Postérieurs aux événements et hostiles à Élie, Ubertin de Casale (*Arbor Vitæ Crucifixæ*, 1305) et Ange Clareno (*Expositio Regulæ F. M*, 1323-1325) appartiennent au groupe de la stricte observance, dont l'intransigeance semble bien avoir apporté au mouvement plus de désordre que le prétendu laxisme de ses adversaires.

Parmi les auteurs modernes, cette biographie préfère à celle de Lempp, considérée comme souvent légère et imprécise, ou à la *Vie de saint François d'Assise* de Paul Sabatier (1894), les auteurs franciscains qui l'ont précédé, en particulier Maître Antoine-Marie Azzoguidi (1757) et le père Irénée Affò (1783), qui ont mis à l'épreuve les sources anciennes et désamorcé d'absurdes légendes. Enfin en 1906, le père Jérôme Golubovich a brossé un bref portrait de frère Élie dans lequel est mise en valeur pour la première fois la grandeur de ses actions et de son génie.

De nouvelles sources, retrouvées depuis 2014 par Jacques Dalarun, permettent de parler d'une troisième ou plutôt, étant donné sa date, d'une deuxième *Vie* de Thomas de Celano, intitulée par lui *La vie de notre bienheureux père François*. Ce texte que Soter n'a pas connu, a été écrit à la demande de frère Élie pendant son généralat de 1232-1239 et confirme qu'il a été choisi par François. Il souligne le rôle qu'il a joué auprès du saint, lui rendant un hommage appuyé comme commanditaire avisé et source privilégiée d'une biographie résumée à l'intention des Frères mineurs (et non plus de l'entière chrétienté) en vue de la liturgie.

Après cet examen des sources, le plan de l'ouvrage de Soter est clair et logique. Il traite en quatre chapitres le rôle joué par Élie comme compagnon de François, comme son vicaire, comme général des Frères mineurs, et enfin comme pénitencier à la cour impériale

Ayant compris, dès le début, la grandeur de l'œuvre à laquelle s'est attelé saint François, il l'a suivi très tôt – bien qu'on ne connaisse pas la date à laquelle il est devenu franciscain – avec tout son cœur, toute son intelligence, tout son amour. L'étude et la méditation ont déjà consolidé et développé sa noblesse d'âme.

Désormais il n'a qu'une pensée et un but: la réalisation et la diffusion de l'idéal séraphique jusqu'aux extrêmes confins de la terre.

Choisi comme vicaire par François en 1221 sans scrutin ni enquête, d'ailleurs non prévus par la première Règle, Élie est d'emblée en porte-à-faux. Mais il accepte cette charge et manifeste aussitôt une autorité naturelle en présidant le chapitre de la Pentecôte 1221, en présence du saint qui, accroupi à ses genoux, lui suggère les décisions à prendre. La Règle dite *non bullée*, rédigée par François avec l'aide de Césaire de Spire et fondée sur l'obéissance littérale aux préceptes de l'Évangile, obtient l'assentiment de l'assemblée. Elle sera revue et corrigée en 1223 pour obtenir l'aval du pape et devenir la *Règle bullée*.

Général des Frères mineurs de 1232 à 1239, Élie travaille avec intelligence et énergie à la grandeur et à la puissance de l'ordre en envoyant des missions partout et en faisant construire une basilique destinée à contenir la crypte où reposera le corps de François pour symboliser la splendeur atteinte par les Franciscains. Décorée par les plus grands artistes du temps, elle attire très vite les pèlerins. Enfin, le rôle administratif d'Élie a été considérable. Portant le nombre des provinces à soixante-douze, il crée une véritable armée de fonctionnaires, qu'il contrôle directement, et centralise ainsi à l'extrême le pouvoir du ministère général, entouré de laïcs, plus faciles à contrôler. Ce tissu administratif relié au pouvoir central a eu une fonction structurante indéniable.

Élie s'attire de violentes inimitiés parce qu'il réunit seulement des chapitres provinciaux, et non le chapitre général, et nomme des laïcs à des postes importants, ce qui ulcère Salimbene. Mais l'opposition entre les *zelanti*, attachés à la lettre de l'enseignement de François, et les *doctes*, qui veulent le voir évoluer dans le sens de la science et de l'ouverture au monde, va s'envenimer. L'institution des visiteurs chargés d'inspecter les frères est mal accueillie; au lieu de rester une querelle interne à l'ordre, ce mécontentement prend des proportions démesurées et devient le prétexte d'un rejet total de frère Élie, dépeint comme un tyran insupportable. Une véritable conjuration se forme contre lui pour empêcher sa réélection au chapitre de 1239. Le Saint-Siège l'abandonne. Écœuré par sa disgrâce, il prend le parti de l'empereur et se réfugie auprès de lui. Par orgueil, comme le soutient Eccleston ? En réalité, on ne sait pas encore exactement pourquoi. Mais cette « trahison » lui vaut une excommunication qui ne sera levée que juste avant sa mort en 1253.

Le biographe

Salvatore Attal (1877-1967), dit Soter, est un érudit juif toscan converti au catholicisme en 1945 sous le prénom de Francesco, avec pour parrain l'ancien rabbin de Rome Israel Zolli, lui-même baptisé en février 1945 par Angelo Giuseppe Roncalli – le futur Jean XXIII. Il a été un élève du philosophe Élie Benamozegh, est devenu kabbaliste juif et chrétien à la fois, s'est laissé tenter par le premier fascisme, a lié amitié avec quatre papes. Frère cadet de ma grand-mère, il a été élevé comme elle dans la communauté juive de Livourne. Très proche des Franciscains toute sa vie, après son baptême et sa communion, il devient en 1948 tertiaire de l'ordre. Car depuis sa jeunesse, quoique ingénieur de l'École d'application de Turin, Soter ne s'intéresse qu'à la philosophie et à la théologie. Ayant le sentiment d'une évolution positive des rapports entre judaïsme et christianisme, il a entrepris une œuvre ambitieuse par laquelle il compte convaincre l'Église de prendre en compte l'importance centrale de son héritage juif. Après *Ésotérisme biblique* (Salvatore Landi, Florence,1908 ; traduction : L'Âge d'Homme, Paris, 2015), il publie sa grande synthèse intitulée *La Religione del Cristo* (Bocca, Turin, 1914). Ses monographies franciscaines et en particulier son *Saint François d'Assise* (S. Belforte, Livourne, 1930) et sa biographie d'Élie (Edizione Mediterraneo, Rome,

1936) le feront consulter et inviter à diverses reprises par les Franciscains.

Son attirance précoce pour François d'Assise et le mouvement franciscain vient de son admiration pour ces « vertus franciscaines », dont les *Fioretti* sont le miroir et qu'il exalte dans un livre inspiré, *Le virtù francescane* (Carabba, Lanciano, 1947) : mépris de la gloire et de la richesse, soif de Dieu, pauvreté, fraternité, humilité des Frères mineurs, joie, obéissance filiale à l'Église. Soter a aspiré toute sa vie à être admis dans le Tiers-ordre franciscain, particulièrement florissant en Toscane où il est né et a toujours vécu. Créé en 1221, le Tiers-ordre est approuvé par l'Église, comme chez les Dominicains, et composé non de religieux astreints aux vœux monastiques, mais de personnes vivant dans le monde et qui, suivant une règle établie par le Saint-Siège, s'obligent, comme des religieux, à servir Dieu et l'Église selon leur condition. Soter, lui, considère son œuvre et son expertise sur l'exégèse juive de la Bible – pour laquelle il est souvent consulté en haut lieu – comme sa contribution majeure. En particulier il discute de façon serrée, dans sa correspondance avec le père franciscain d'Assise Michele Todde[1], des questions de théologie, de doctrine et de liturgie, comme le problème épineux de l'oraison du vendredi saint : « Prions aussi pour les Juifs *perfides* » qu'il préconise de corriger, ce qui montre sa participation au large débat pour la préparation de Vatican II qui a abouti à la rédaction de *Nostra Ætate*.

1. Voir la correspondance – consultée et traduite par l'auteur de cette introduction et de cette traduction – que Soter a entretenue avec le père Michele Todde du Sacro Convento d'Assise (1882-1972), Archivio storico della Basilica e Sacro Convento di San Francesco in Assisi (=ASConv), Fondo Conventuale (=FC), *Miscellanea Zanotti*, 29/4, fasc. 3 (*Père Michele Todde, lettere di Salvatore Attal, 1931-1935*). Prêtre sarde longtemps sacristain et confesseur dans la paroisse de Sainte-Marguerite à Assise, ce franciscain a reçu un diplôme de reconnaissance pour avoir sauvé de nombreux juifs et réfugiés pendant la guerre. Il est mort au couvent à l'âge de 90 ans, cinq ans après son ami Salvatore.

Biographe de François d'Assise, il s'est intéressé tout naturellement à Élie, peut-être aussi parce que son nom : Elia Bombarone (*Bonus Baro*), qui ressemble à celui de son beau-frère Élie Baron (mon grand-père), pourrait bien être celui d'un descendant de juifs d'Espagne (*Barone* pouvant être une forme contractée de l'araméen *Bar Aaron* = fils d'Aaron). Quant au prénom d'Élie (en hébreu אֵלִיָּהוּ, « Mon Dieu est YHWH »), il place l'ami de François sous le patronage du grand prophète biblique, figure apocalyptique majeure enlevée sur un char céleste, dont les Évangiles font, avec Moïse, un témoin de la Transfiguration du Christ. Une partie de l'opinion juive avait vu en Jésus le retour d'Élie (Mt 16, 14). Cette croyance a sans doute inspiré au bénédictin, puis cistercien Joachim de Flore (1135-1202), qui a exercé une influence majeure sur la pensée franciscaine, l'idée de la venue d'un Élie artiste – alchimiste mystique, figure messianique –, qui réaliserait en sa personne le mariage parfait de l'art et de la connaissance[1]. La Bible hébraïque, la Bible catholique et l'eschatologie mystique se rejoignent ainsi en frère Élie. François lui-même ne cite-t-il pas, moins que le Nouveau certes, l'Ancien Testament – Psaumes, Proverbes, Ecclésiaste, Siracide, Sagesse – selon l'usage qu'en fait la liturgie de son temps ? Si les Évangiles sont la source et le modèle de la vie des frères et l'imitation du Christ, le fondement de la Règle, les Franciscains, de plus en plus curieux et ouverts à l'étude de la Bible hébraïque, vont même, à la Renaissance, comme les Dominicains, s'impliquer dans l'étude de la Kabbale dite chrétienne[2].

1. Voir Antoine Faivre, « Élie artiste, ou le messie des philosophes de la nature », in *Aries*, Brill, Leyde, volume 2, n° 2, 2002 et volume 3, n° 1, 2003.

2. En particulier à Venise avec François Georges de Venise, dit Zorzi (1453-1540), qui dédie à Clément VII son *De Harmonia mundi* (1525), traduit en français par Guy Le Fèvre de la Boderie (1541-1598), son élève Archangelus Borgonovo, mort en 1569, dont l'*Apologie* défend les *Conclusions cabalistiques* de Pic de la Mirandole, ou ailleurs avec Pierre Galatin (1460-1540), auteur du *De arcanis catholicæ veritatis*.

Dès le XIIe siècle, Joachim de Flore s'est impliqué dans la lecture de la Kabbale. Il serait donc étonnant qu'Élie, dont on mesure l'ouverture d'esprit et l'éclectisme, ne s'y soit pas intéressé, conscient comme il l'a été de la nécessité de faire évoluer les frères vers une véritable culture générale; il a encouragé en particulier les études de théologie en vue de la prédication et fait élaborer des instruments de travail à cet effet – lexiques, dictionnaires, encyclopédies.

Soter a compris et montré le caractère déterminant de l'action intellectuelle et organisatrice d'Élie. Sans ses qualités, l'ordre franciscain n'existerait probablement pas. Son infatigable énergie, toujours en éveil à la recherche de nouvelles idées, a fait l'ordre, l'a rendu visible et l'a imposé au monde, avec l'accord de François, qui, loin d'être en conflit avec lui ou avec l'Église comme on l'a souvent dit, a eu conscience de la nécessité de son concours et de celui du pape Grégoire IX pour y arriver. Il admirait en Élie, selon Renan[1], les qualités qui lui faisaient défaut. La basilique est une œuvre gigantesque qu'Élie a entièrement assumée. Malgré les soupçons d'autocratisme qui pèsent sur lui, il a toujours orienté la domination vers un « gouvernement de services » (Dalarun) ; de plus, il a compris la nécessité du compromis – politique ou administratif et non religieux – pour donner une existence concrète à un rêve magnifique. Transiger est une nécessité pour tout homme au pouvoir. Mais transaction ne signifie pas trahison. Les idéaux meurent quand ils ne sont pas actualisés et institutionnalisés.

Accusé d'être stratège, traître, espion, et de ce fait réprouvé, excommunié et véritable bouc émissaire, Élie prend ici une stature de martyr et n'en est que plus admirable. Seul témoin des stigmates, gardien respectueux de la mémoire de saint François, qu'il entend servir et dont il tient à diffuser le message, il a joué

1. Ernest Renan, « François d'Assise », in *Nouvelles études religieuses*, Calmann-Lévy, Paris, 1884.

un rôle clef dans le développement du mouvement franciscain. De plus, dans un XIIIe siècle caractérisé par « des mutations majeures sur le plan institutionnel et religieux avec l'apparition des universités[1] » – Paris, Oxford, Cambridge – et des ordres mendiants, et par des changements sociaux, politiques, techniques et environnementaux si rapides qu'il évoque le nôtre, le génie politique et administratif d'Élie en fait un homme très moderne, conscient de la responsabilité qui lui incombe de continuer l'œuvre du saint, de maintenir en vie son esprit, de donner une forme définitive à sa création. Il incarne les contradictions internes de l'ordre et la dialectique entre dissidence et appartenance, résistance et orthodoxie. Sa personnalité apparaît très proche de nous dans ce portrait d'un homme entièrement dévoué à la mission sacrée qu'il s'est fixée et constamment soucieux de travailler à son accomplissement. Son charisme à lui se manifeste dans l'action. Son dynamisme et sa détermination, tant critiqués, sont à l'origine de la force et du rayonnement de l'ordre franciscain. La basilique, qu'il a voulue, conçue et fait construire en un temps record et qui voit toujours défiler les pèlerins du monde entier, en est l'expression la plus éclatante. Pour Soter :

> Le devoir de l'historien n'est pas simplement de faire la liste des documents et d'en examiner l'authenticité [...]. La pure vérité historique est un élément froid et inerte ; il faut qu'il soit éclairé, intégré et pour ainsi dire rendu vivant par ce qui se trouve aussi dans les documents : le rayonnement de l'âme, la lumière de l'esprit, qui révèlent *la personnalité*, le fond invisible du personnage. Le véritable historien doit être aussi un artiste, capable de ranimer et de rendre vivant le passé.

---

1. Gilbert Dahan, *François et ses frères lecteurs de la Bible au XIIIe siècle*, *Cahiers de l'Évangile*, supplément n° 169, Cerf, Paris, septembre 2014, p. 34.

Il y a réussi, me semble-t-il, en nous restituant la figure – humaine, trop humaine – de cet homme complexe. Certes, comme le souligne Giulia Barone, il reste encore dans l'histoire d'Élie, de nombreux points obscurs[1]. Mais si, selon la formule de J. Dalarun, « traduire est la métaphore du paradoxe historique » qui revient à « représenter » (c'est-à-dire rendre à nouveau présent) un passé définitivement enfui, j'espère que la traduction de cette biographie contribuera un peu à redonner une présence réelle et la place qu'il mérite à frère Élie, le compagnon si injustement oublié ou encore soupçonné[2] de François d'Assise, ce qui était le vœu le plus cher de Salvatore Attal, son fidèle biographe et son ardent avocat devant la postérité.

Anne-Marie Baron

1. Giulia Barone, *Da frate Elia agli Spirituali*, *op. cit.*, p. 83-86.
2. L'historien Grado Giovanni Merlo se montre encore dubitatif : « Frère Élie se situe-t-il donc dans la continuité de celui qu'il avait fidèlement "servi" pendant sa vie ? On ne saurait l'exclure... », in *Au nom de saint François, Histoire des Frères mineurs et du franciscanisme jusqu'au début du XVIe siècle*, Éditions Franciscaines/Cerf, Paris, 2006, p. 125.

I

Étude des sources

COMME saint François, frère Élie est entré vivant dans la légende. Son destin extraordinaire a vivement frappé l'imagination de ses contemporains et de la postérité. Premier compagnon et vicaire de saint François, ministre général de l'ordre, ami et confident des cardinaux et des papes, celui qui, pendant vingt ans, fut le guide, le directeur et l'organisateur du mouvement franciscain fut expulsé de l'Église et de l'ordre, rebelle et excommunié, scandale et opprobre pour les fidèles, immense honte pour les frères. Son nom se transmit entouré d'un épais voile de terreur et de sombre malédiction. Pendant plus de cinq siècles, il fut le frère maudit, le traître et le corrupteur de l'idéal séraphique, l'Antéchrist annoncé par les voyants. Les anciennes chroniques évitent de le nommer, ou le nomment avec un dédain mêlé d'horreur.

Une meilleure connaissance de l'époque, l'étude plus approfondie des sources, les nouveaux documents venus au jour et illustrés par des docteurs impartiaux permettent aujourd'hui de replacer la figure de frère Élie dans un cadre historique plus serein et plus véridique. À travers les nombreuses revendications que des cœurs généreux ont tentées, l'Histoire a déjà conclu à la complète réhabilitation de frère Élie[1]. Sa vie prodigieuse a

1. Le père Michel de Florence a publié en 1778 les *Notizie critiche, istoriche e morali francescane concernenti la vita di San Francesco d'Assisi, le geste di frate Elia da Cortona etc*, interrompues après les deux premières livraisons, dans lesquelles « il avait l'espoir de pouvoir démontrer quels avaient été les meilleurs disciples de saint François ». Cette audacieuse affirmation a paru alors scandaleuse et a

atteint les cimes les plus élevées et est tombée dans la disgrâce la plus sombre, mais ne fut jamais ni vulgaire ni vile. Dans l'ordre franciscain, sa figure ressort avec un relief et une dignité que le temps et la calomnie n'ont pu ternir. Nous pouvons aujourd'hui la replacer dans sa vraie lumière, en nous fiant simplement à l'Histoire. Les documents, quoique incomplets, sont cependant suffisants pour en faire un portrait précis. Il suffit de les utiliser avec impartialité. Les biographes qui se sont jusqu'ici occupés de frère Élie ont péché d'une façon ou de l'autre. Parmi eux, Lempp[1], reconnu pendant longtemps comme l'historien le plus précis de frère Élie, a montré une singulière incompréhension. Quand il ne se trompe pas d'emblée, Lempp se contredit et ses contradictions sont fréquentes et grossières.

Bien plus précis ont été les auteurs franciscains qui ont précédé Lempp et que Lempp a cités sans en avoir signalé l'importance. Plus que l'anonyme Cortonais[2], qui a entre autres le mérite d'être le premier en date (1755), une spéciale attention doit être accordée au maître Antoine-Marie Azzoguidi[3], frère mineur (1757) et au père Irénée Affò[4], mineur observant (1783), qui ont traité le thème avec intelligence et acuité, mis à l'épreuve les sources anciennes avec un esprit de saine critique et désamorcé d'absurdes légendes.

De nos jours, le père Jérôme Golubovich[5], o.f.m., d'un pinceau magistral, a brossé un portrait de frère Élie dans lequel sont

---

suscité une très vive réprobation. Aujourd'hui les conclusions auxquelles parvient la critique impartiale ne diffèrent pas beaucoup de ce jugement.

1. Édouard Lempp, *Frère Élie de Cortone. Étude biographique*, Fishbacher, Paris, 1901.

2. Anonyme Cortonais, *Vita di frate Elia*, Livourne, 1755, réimprimé dans la même ville avec les observations d'un Anonyme Pisan, qui serait selon Papini, le moine père maître Antonio Mattei.

3. Père Antoine-Marie Azzoguidi, *Sanctii Antonii Sermones in Psalmos*, n° XXVI, Bologne, 1757.

4. Père Irenée Affò, *Vita di frate Elia*, presso Filippo Carmignani, Parme, 1873.

5. Père Jérôme Golubovich, *Biblioteca bio-bibliografica della Terra Santa*, Pères de Quaracchi, Florence, 1906, t. 1, p. 19-117.

représentées pour la première fois la grandeur de ses actions et la hauteur de son génie. Le père Vittorino Facchinetti[1], o.f.m., a aussi tracé, incidemment, un portrait de frère Élie assez proche de la vérité historique, portant sur lui des jugements impartiaux et sereins. Le père Dominique Sparacio[2], mineur conventuel, a traité à fond le thème, en discutant et illustrant les sources avec une vive ferveur et une vaste science souvent appuyée par un esprit de généreuse polémique. Cependant son caractère fragmentaire et épisodique nuit au livre du père Sparacio, qui, malgré son ample et précise documentation, ne peut constituer une biographie véritable et réelle, car il lui manque le caractère principal de la biographie, la continuité.

Cependant, malgré la richesse des données mises au jour et exploitées par de si nombreux et si éminents écrivains, pour connaître et illustrer les actions extraordinaires qui font de la vie de frère Élie un des romans les plus passionnants du Moyen Âge, il faut encore remonter aux sources primitives[3] et se référer aux anciens documents qui reflètent la vérité de l'époque.

Les premiers de tous, car irréfutables, sont les documents officiels : lettres reçues et écrites par frère Élie, bulles pontificales,

---

1. Père Vittorino Facchinetti, *San Francesco d'Assisi nella storia, nella leggenda, nell'arte*, Santa Lega Eucaristica, Milan, 1921.
2. Père Dominique Sparacio, *Frate Elia, compagno, Vicario e successore di San Francesco Serafico*, Profilo storico, Milan, 1923.
3. Le devoir de l'historien n'est pas simplement de faire la liste des documents et d'en examiner l'authenticité. Les sources anciennes sont le matériau brut ; il doit en faire *une construction*. La pure vérité historique est un élément froid et inerte ; il faut qu'il soit éclairé, intégré et pour ainsi dire rendu vivant par ce qui se trouve aussi dans les documents : le rayonnement de l'âme, la lumière de l'esprit, qui révèlent *la personnalité*, le fond invisible du personnage. Le véritable historien doit être aussi un artiste, capable de ranimer et de rendre vivant le passé. Il y a toujours dans l'œuvre une part originale de création, qui certes reste étroitement liée à la vérité. C'est donc un droit légitime de l'historien d'interpréter les documents et, à l'occasion, l'absence même de documents.

actes notariés. Ils ne sont pas excessivement nombreux, mais ils sont suffisants pour établir des points fixes, entre lesquels on est sûr de rester dans l'Histoire. Le temps a enrichi cette source, mais pas autant qu'on le voudrait. Il y a en particulier deux documents qui, s'ils étaient retrouvés, jetteraient une lumière définitive sur frère Élie : le registre où le frère Illuminé marquait les lettres importantes que recevait frère Élie et ses réponses ; et la lettre que frère Élie confia à frère Albert de Pise pour être remise à Grégoire IX et qui fut retrouvée dans la poche du ministre général à sa mort dans une rue de Rome ; ensuite on n'en sait plus rien. Mais cette disparition est en elle-même un document.

Il y a ensuite les anciens biographes. Affò, en bonne méthode historique, assigne la première place aux deux *Légendes* du bienheureux Thomas de Celano[1], les plus anciennes en date et celles qui portent l'empreinte la plus manifeste de la sérénité historique. Frère Thomas a connu personnellement frère Élie et a écrit la *Première Légende* entre 1228 et 1230, sous le généralat de Jean Parenti. Lempp se trompe grossièrement quand il attribue à l'influence de frère Élie les quelques aperçus, modestes et nécessaires, qui se rencontrent dans l'œuvre du Celanais. Frère Thomas était trop proche des événements pour pouvoir cacher le rôle qu'avait joué frère Élie ou pour déformer les faits, ce qui aurait été tout de suite corrigé par de nombreux contemporains ; il laisse dans l'ombre l'action de frère Élie, pour faire porter toute la lumière sur l'action du Père séraphique. Dans la seconde *Légende*, le Célanais ne se contredit pas, au contraire, quand il le faut, il confirme ce qu'il a écrit dans la première. Il ne nomme

1. « La première et plus ancienne œuvre où on parle de frère Élie est la *Vie de saint François*, écrite sur ordre du pape Grégoire IX par frère Thomas de Celano. Un tel écrivain, qui a vécu avec saint François et frère Élie, et a été choisi par un pape aussi célèbre pour écrire les actions du saint patriarche, doit être estimé sans aucune réserve ; il fera donc autorité pour toutes les années que frère Élie a vécues en compagnie de son Séraphique maître », père Irenée Affò, *Vita di frate Elia*, *op. cit.*, p. 9.

jamais, il est vrai, frère Élie, mais il était impossible alors de le nommer. La *Seconde Vie* fut écrite sous le généralat de Crescent de Jesi (1244-1247) ; frère Élie était déjà sorti de l'obéissance à l'Église et à l'ordre. On avait dit de lui dans la *Première Vie* tout ce qu'il y avait à dire. Tout ajout aurait été inopportun. Ici aussi Lempp donne des preuves de son incompréhension en affirmant que Thomas de Celano « en écrivant sa *Seconde Vie*, s'est complètement discrédité au point de vue du caractère ; il faut bien que dans l'une ou l'autre des deux *Vies*, il ait quelque peu défiguré la vérité ». Cette appréciation est tout à fait gratuite. La *Seconde Vie* n'est pas la correction, mais le complément de la *Première*. Toutes deux sont unies par un fil invisible et idéal. Elles ne peuvent se séparer, et encore moins s'opposer l'une à l'autre.

Le *Miroir de Perfection*, auquel Lempp, à la suite de Sabatier, accorde tant d'importance, est en réalité une source de médiocre valeur, surtout en ce qui concerne directement frère Élie. Il en attribue la paternité à frère Léon et cela peut être vrai pour les passages les plus anciens, mais ceux-là sont précisément les passages où on ne parle pas de frère Élie. Le *Miroir* devient ensuite un écrit polémique, alors qu'à l'origine il devait être simplement le souvenir et l'exaltation de la vertu du *Poverello*. Y est présentée l'image du parfait frère mineur selon la conception des rigoristes en opposition aux vues plus pratiques des modernes. D'accord avec Faloci-Pulignani, il faut attribuer une date assez postérieure aux événements qu'il raconte. L'ensemble tel qu'il nous est parvenu doit être resitué dans la première moitié du XIVe siècle. Il reflète donc exactement les contrastes qui divisèrent l'ordre au sujet de l'observance[1].

1. Le père Gratien, capucin, dans sa très précieuse *Histoire de la fondation et de l'évolution de l'ordre des frères mineurs au XIIIe siècle*, J. Duculot éditeur, Paris, 1928, p. XV de l'introduction, note avec une parfaite sagacité : « Aujourd'hui, après la découverte du recueil intitulé *Legenda antiqua* de Pérouse par le père F.-M. Delorme, o.m., nous pouvons affirmer avec certitude que le *Miroir de perfection*, qu'il s'agisse de la rédaction du père

Sur ce point délicat, une position franche s'impose. L'impartialité ne dispense pas l'historien de l'obligation de juger. Tant que vécut le Père séraphique, les excès de zèle des rigoristes furent contenus et freinés par l'autorité du fondateur[1] ; une fois le saint mort, les passions s'allumèrent avec une violence inattendue. Les plus excités, les fanatiques de la pauvreté, furent pendant de nombreuses années un élément perturbateur de l'ordre et finirent dans l'hérésie, hors de l'ordre et de l'Église. La modération est la vertu franciscaine par excellence. Le saint fondateur l'exalte continuellement, la pratique avec une affectueuse sollicitude envers ses disciples ; sur le point de mourir, il demande pardon à frère Corps pour toutes les privations qu'il lui a infligées. « Tout excès est inspiré par l'orgueil » et désapprouvé par le saint avec la plus grande inquiétude. Nous devons donc entendre le mot modéré au sens vertueux du terme. Avec tout le respect et l'admiration que méritent les anciens athlètes de la pauvreté, nous devons reconnaître loyalement que les modérés, étroitement attachés aux directives de l'Église, furent ceux qui continuèrent l'œuvre de saint François et la transmirent intacte jusqu'à nos jours. Les rigoristes, eux, voulaient que le frère mineur soit seulement

---

Sabatier ou de celle du père Lemmens, n'est pas une œuvre authentique de frère Léon, mais une compilation du commencement du XIVe siècle, où sont entrés des récits empruntés les uns au compagnon de saint François, les autres au biographe officiel. »

1. Saint François craignait par-dessus tout l'orgueil, qui est le moyen le plus efficace par lequel le Malin assujettit l'homme. Il y a quelque chose de pire que l'orgueil de la science : c'est l'orgueil de la sainteté. Le Père séraphique était constamment occupé à l'éviter chez lui et chez les autres. Frère Rufin, au commencement de sa conversion, y était enclin. Le sang rebelle du vassal bouillait encore en lui. Il murmurait même contre le saint maître, qui interrompait ses méditations solitaires par des injonctions inopportunes. Pour le faire plier, le Père alla jusqu'à l'envoyer prêcher nu à Assise. Le but en paraît clair : ce n'était pas la pénitence que le saint voulait éviter mais l'orgueil de la pénitence. Frère Élie fut le fidèle continuateur de cet esprit. Avec une inflexible droiture, il maintint l'ordre dans la voie tracée par le saint fondateur.

un *miroir de sainteté*; les modérés le voulaient aussi un *miroir de sagesse*; que les deux idéaux ne fussent pas inconciliables cela fut démontré par la suite, quand ils s'épanouirent ensemble avec la même splendeur dans la sublime vie de saint Bonaventure, le Docteur séraphique par antonomase.

En même temps que les deux *Légendes* de frère Thomas, et parmi les sources les plus importantes pour l'histoire de frère Élie, il faut considérer les *Chroniques* de frère Salimbene. Malgré la rancune évidente contre frère Élie et le manifeste esprit partisan de l'auteur, les *Chroniques* ont sur bien des points une chaleur de vérité qui les rend très précieuses. Frère Salimbene connut personnellement frère Élie, par qui il fut reçu dans l'ordre en 1238. C'est donc un contemporain qui parle, et de ce fait un témoin oculaire. Frère Salimbene appartenait à une famille noble; il prit l'habit par enthousiasme. Âme ingénue et d'humeur vagabonde, il parcourut en long et en large l'Italie et la France, approchant papes et princes, saints et docteurs illustres. Sa peinture est d'une fraîcheur inimitable. Les *Chroniques* de frère Salimbene sont l'une des œuvres les plus originales du Moyen Âge par la véracité avec laquelle elles retracent l'époque. À l'égard de frère Élie, elles sont partiales et injustes; les jugements qui y sont exprimés sont presque tous sujets à révision. Mais comme frère Salimbene enregistre aussi les faits, il nous fournit la clé pour comprendre et évaluer les actions. Son livre *De Prælato* a été jugé par Lempp «un amas de misérables ragots»; le jugement est exagéré. Frère Salimbene n'était en rien rigoriste; mais c'était un savant. Il avait conservé sous l'habit l'orgueil du noble. Il se met en avant à l'occasion avec une complaisance ingénue. La cause principale de sa rancœur envers frère Élie est précisément un mérite de frère Élie qui, continuant fidèlement l'œuvre du saint, ne fit jamais la distinction entre clercs et laïcs, de manière à favoriser le progrès des études dans l'ordre.

Utilisées avec prudence, dans leur juste interprétation, les *Chroniques* de frère Salimbene sont donc une source très précieuse pour l'histoire de frère Élie. Elles peignent le milieu avec une vivacité incomparable. Leur absence aurait enlevé à la figure de frère Élie une grande partie de son relief.

Aux *Chroniques* de Salimbene, il faut ajouter les différentes chroniques de l'ordre écrites presque toutes après les événements. Les passions du temps y ont laissé leur empreinte; elles pèchent toutes par une évidente partialité. Pourtant même leurs inexactitudes sont instructives parce qu'elles aident à retracer la vérité.

Jourdain de Giano, de la vallée de Spolète, a écrit ou mieux dicté sa *Chronique* en 1262, alors qu'il était déjà vieux. Ce sont des souvenirs qui affleurent et prennent vie dans le cœur ému du frère. Il a connu frère Élie, par qui il fut envoyé en Allemagne avec la mission ordonnée dans le chapitre de 1221. Il passa presque toute sa vie en terre allemande, compagnon pendant quelques années de frère Thomas de Celano. Il rentra en Italie en 1230 pour la translation du corps de saint François dans la nouvelle basilique construite par frère Élie, qui le reçut avec affection. Thomas de Celano lui offrit à cette occasion des reliques du saint patriarche: un morceau de la tunique et des cheveux. Jean Parenti était alors ministre général; mais l'homme le plus en vue de l'ordre était toujours frère Élie, constructeur et gardien de la tombe du Père séraphique. Frère Jourdain ne semble pas scandalisé par les événements déplorés dans la bulle *Speravimus hactenus*. Ses souvenirs ne montrent pas d'aigreur contre frère Élie. La raison principale de son ressentiment est l'œuvre des visiteurs, pour laquelle il se trouva à Rome en 1238 en tant qu'adversaire de frère Élie.

Il est dommage que cette chronique soit mutilée et s'arrête à cette année-là. Les remaniements de Jean de Komorovo et de Glassberger ne donnent pas une image aussi vive du souvenir, qu'ils n'ont pas vécu. Souvent au contraire, ils recopient textuellement les auteurs anciens. Les nouveautés qu'ils apportent, passées au crible du critère oculaire, peuvent cependant fournir quelques références précises.

Thomas d'Eccleston écrivit vers la même époque sa célèbre chronique *De adventu Fratrum Minorum in Angliam.* Il appartient au parti même qui a causé la chute de frère Élie, le parti des Anglais ; et sur les hommes principaux qui prirent part à la conjuration, il fournit de précieux détails. Mais lui-même n'est pas un témoin oculaire et a vécu loin des événements. Il répète des récits entendus, souvent déformés par l'éloignement et les passions. Pour lui aussi, la plus grande faute de frère Élie est l'institution des visiteurs. Son récit, défiguré par de graves anachronismes, perd toute valeur historique en ce qui concerne frère Élie.

Il y a ensuite tous les écrits postérieurs aux événements, qui constituent la série des sources de seconde main ; ils ne peuvent être acceptés comme témoignages mais ne peuvent non plus être complètement écartés.

Ubertin de Casale et Ange Clareno appartiennent au groupe de la stricte observance. Il est dommage de devoir user pour qualifier des hommes d'une telle valeur morale et aux insignes aspirations mystiques du terme de fanatiques. Leur intransigeance apporta à l'ordre un trouble plus grand que le prétendu laxisme de leurs adversaires, qui constituaient par ailleurs la grande majorité des frères, fidèles à l'obédience et à la ligne des directives du Saint-Siège. Les Clareniens finirent excommuniés, ce qui est déjà un jugement. Les écrits de ce groupe sont brûlants de passion polémiste, impétueux, pleins de violence mystique, mais sont dépourvus de toute exactitude historique. Ils présentent une chronologie fantastique, parsemée d'anachronismes, confondant personnes et époques. Ce sont les écrits de gens qui vivent, hors du monde, une vie imaginaire. Ce sont des documents humains, pas des documents historiques.

Vers la fin du XIIIe siècle, Bernard de Besse, suite à son livre *De laudibus*, écrivit sa *Chronique des XIV ou XV Généraux*, qui se retrouve dans la réécriture dite *Chronique des XXIV Généraux*, du siècle suivant. Ces documents sont précis quant à la chronologie, mais, dans la narration des événements, reflètent les sources desquelles ils se sont servis. En général, tous les écrits postérieurs à la mort de frère Élie portent l'empreinte évidente des événements de sa vie. Son apostasie jette une ombre de mauvais aloi même sur ses débuts, si splendides et si purs. On a ensuite les légendes des rêves, des avertissements du Ciel, des méfiances inexistantes de saint François envers son vicaire. Au plus fort de la lutte, les imaginations excitées inventèrent hardiment, puis se persuadèrent de la vérité de leurs inventions. Les chroniqueurs postérieurs reprirent ensuite tout sans vérifier. À la lumière de la nombreuse et savante critique de notre époque, on peut désormais discerner la sûre et pour le moins la probable vérité.

C'est pourquoi le *Speculum Vitæ Beati Francisci et sociorum ejus*, postérieur aux événements, plein d'anachronismes, de confusions de personnes, d'erreurs de jugement, doit être absolument exclu des sources de la vie de frère Élie. Le frère ingénu qui le composa recopia sans discernement de vrais documents anciens, en les mélangeant et les confondant. Mais de la confusion peut encore surgir quelque lumière.

Bartholomée de Pise, dans ses *Conformités*, se réfère plus souvent à frère Élie sans y insister particulièrement. Lempp note à son égard : « La seule indication qui lui soit propre est qu'il fait mourir frère Élie en Sicile. Ce qui prouve à quel point cet auteur est mal informé sur ce point. » Cela prouve plutôt l'inconsistance des jugements de Lempp. Nous verrons que frère Élie alla dans ses derniers jours en Sicile, où il laissa des traces durables de son séjour, mais n'y mourut pas.

Tous les biographes qui ont voulu discuter les sources dont ils se sont servi pour raconter la vie de frère Élie se sont arrêtés là. L'histoire franciscaine ne présente pas, en réalité, d'autres documents disponibles[1]. Mais il y a une autre source très féconde

1. Les *Fioretti* ne sont pas une source pour l'histoire de frère Élie. Cette admirable composition qui reflète avec une splendeur incomparable l'âme et la vertu du *Poverello* ne peut avoir la valeur d'un document historique.

de documents, qui jusqu'à aujourd'hui est restée dans l'ombre. La vie de frère Élie peut se diviser *naturellement* en trois grandes périodes, marquées chacune d'un nom adapté : la période de saint François, qui va jusqu'en 1226, date de la mort du saint ; la période de Grégoire IX, qui va jusqu'à 1239, date à laquelle frère Élie prit le parti de l'empereur ; la période de Frédéric II, qui va jusqu'à la mort d'Élie en 1253. Parmi les sources nécessaires pour illustrer et éclairer les événements de la vie de frère Élie, il faut donc placer les documents impériaux. Frédéric II fut un très grand prince, doté de qualités supérieures. Tous ses biographes s'accordent à attester du charme qu'il exerçait sur quiconque l'approchait. Même le sultan sarrasin y fut sensible. On ne peut de ce fait omettre la connaissance de cet homme extraordinaire pour juger les actions de frère Élie.

Nous utiliserons donc amplement les documents impériaux, qui complètent et sur certains points expliquent les documents franciscains, autrement incompréhensibles. Les biographes qui ont écrit l'histoire de frère Élie, en faisant abstraction de celle de Frédéric II, ont fait œuvre incomplète et partiale. Azzoguidi a eu l'intuition de cette vérité et en a tenu compte dans son résumé de la vie de frère Élie, développé dans la note XXVI de ses *Sermones in Psalmos*. Mais il est resté le seul, et les biographes postérieurs ne l'ont pas suivi. Nous allons remédier à ce grave défaut de leur travail.

Frère Élie fut l'un des plus grands hommes de son temps. Par la largeur de son esprit et l'acuité de son intelligence, il a dépassé tous ses contemporains. Il a été capable de comprendre la hauteur morale de saint François et la hauteur politique de Frédéric II, et il a su concilier son dévouement à ces deux éminences et son amour plein de respect pour l'Église, sainte mère commune, invoquée avec une ardente passion aussi bien par

Comme légende, elle est systématiquement hostile à frère Élie. Nous la citerons pour la connaissance de l'époque postérieure : la formation d'une légende entre dans le champ historique.

l'empereur que par le misérable frère, sur leur lit de mort. Auprès de Frédéric, frère Élie n'a pas été l'adversaire, mais le défenseur de l'Église. Il a voulu la réconciliation entre l'Église et l'Empire et a déployé ses efforts les plus nobles pour la réaliser. Mais les temps n'étaient pas mûrs pour une si sublime entreprise. Frère Élie a été bouleversé par son insuccès. La haine et la calomnie se sont acharnées à sa chute et ont ruiné sa réputation pour plusieurs siècles. Aujourd'hui son mérite, dont ont témoigné les plus anciennes sources, ressurgit entier et provoque l'admiration de l'historien impartial. La gloire de frère Élie est pure gloire franciscaine[1]. Tous les Frères mineurs en tirent éclat et splendeur, au-delà des différences de forme qui distinguent les trois grandes familles séraphiques, toutes unies dans la sainteté de la vie, dans la ferveur de la doctrine, dans l'admirable charité et dans l'amour si ardent pour le saint fondateur.

1. Frère Élie est une grande figure franciscaine, qui répand sa gloire sur tout l'ordre. Il y a eu une époque où on a voulu voir en lui le représentant d'une des trois grandes familles séraphiques, sur qui devait continuer à peser la honte de l'apostasie. C'est pur roman ; pire encore, libelle inique. Tant qu'a vécu frère Élie, il n'y a pas eu de divisions dans l'ordre, qui s'est maintenu uni dans la tradition du Père séraphique, « confirmée par la suprême autorité du pontife. Frère Élie est tombé pour des raisons politiques, étrangères à l'organisation de l'ordre. Il appartient à part égale et avec la même légitimité à toutes les familles franciscaines. Il n'est pas un déshonneur, mais un sujet de fierté commun ».

II

Frère Élie compagnon de saint François

FRÈRE Élie est d'Assise. Tous les anciens biographes s'accordent à l'appeler Élie d'Assise[1]. C'est seulement bien plus tard qu'il apparaît chez les chroniqueurs du XVIIe siècle sous le nom d'Élie de Cortone, d'après le lieu de sa mort. Frère Salimbene rappelle

1. C'est ce qui est écrit dans la chronique de Bernard de Besse dite des *XIV Généraux*, et répété dans celle des *XXIV Généraux*. Affò cite un ancien catalogue des généraux écrit en 1337 (Cod. Vatic. 3130) dans lequel frère Élie est dit d'Assise et c'est ainsi que l'appelle Bartolomée de Pise dans ses *Conformités*, écrites en 1390. Le père Francesco Maria Angeli, m.c., dans son *Histoire du Sacré Couvent d'Assise*, Montefalco, 1704, p. 38, parle d'une ancienne fresque peinte sur la porte du réfectoire du Sacro Convento, sur laquelle on voyait le Père séraphique entouré de ses premiers disciples, parmi lesquels frère Élie portant une plaque avec la légende: «*frater Helias de Bevilio*». Bevilio est un petit bourg à trois quarts d'heure d'Assise. Il offre une donnée psychologique intéressante. On y voit encore les ruines d'un vieux château qui présente une certaine ressemblance avec les châteaux qui seront construits par frère Élie en Sicile. Les images des lieux de l'enfance restent indélébiles dans l'âme. Elles se rappelèrent à l'esprit de frère Élie quand il dut construire les citadelles impériales. L'origine cortonaise est rapportée par des auteurs postérieurs, parmi lesquels Wadding qui, se fondant sur une citation inexistante de Thomas de Celano, assigne pour patrie à frère Élie le village d'Ossaia, peu distant de Cortone. Le père Irenée Affò a discuté la question avec une grande sérénité et une vive perspicacité et conclu à bon droit en assignant à frère Élie l'origine d'Assise, selon le témoignage des plus anciens chroniqueurs. Le surnom *de Cortone* a été donné à frère Élie pour avoir séjourné longtemps dans cette cité, et y avoir terminé ses jours. Comme saint Antoine, qui était un noble portugais né à Lisbonne et dit *de Padoue*.

son nom de famille : *Bonusbaro*, *Bombarone*, référence au fait que son père était natif de Castel Britti et sa mère d'Assise[1]. Il exerçait le commerce dans cette cité, négociant en toile commune, toile à matelas selon l'ancien chroniqueur, là où le père de saint François était négociant en étoffes de luxe[2].

Le nom de Bombarone se trouve répété dans les anciens documents d'Assise, retrouvés et mis en lumière avec une géniale perspicacité par Arnaldo Fortini, maire de la ville de 1923 à 1943. Le premier consul d'Assise est justement un Bombarone, qui, en 1198, rend son premier jugement dans la cathédrale Saint-Ruffin et, il faut le souligner, non plus au nom de l'empereur mais superbement au nom du Père, du Fils et du Saint-Esprit. Il affirme ainsi l'indépendance de la commune. Le consul juge sans hésitation, de façon énergique et sûre : « *Ego autem hoc modo laudo*[3]. » C'est le style même de frère Élie.

1. « *Fuit fratris Helye pater de Episcopatu Bononiæ de Castro Brittorum, mater vero de Assisio fuit, et vocabatur in sæculo Bonusbaro.* » Frère Salimbene a commis ici une erreur. Il ne semble pas être jamais allé à Assise. En tout cas, il montre qu'il ne connaît pas ses environs dans lesquels, à peu de pas de Beviglia, se trouve justement un Castel Britti ou Brittignano, qui est précisément la patrie du père de frère Élie. Frère Salimbene a confondu Castel Britti di Assisi dont il ignorait l'existence avec Castel Britti di Bologna qu'il connaissait. Son erreur, corrigée, sert à confirmer la vérité.
2. Frère Salimbene note que « *suebat cultras* (il cousait des matelas) ». Il ne suffit pas de traduire, il faut aussi comprendre. La famille de frère Élie était modeste, mais assez aisée pour fournir à son fils une certaine instruction. Le jeune Élie apprenait en effet à lire le psautier aux enfants d'Assise. Encore un trait révélateur. Plus que le commerce, de nobles aspirations enflammaient l'âme d'Élie. Il aimait l'étude.
3. Jugement du consul Bombarone, 9 décembre 1198, Arch. Catt. De San Ruffino, fasc. II, n. 56. Dans la *Collection de documents historiques anciens inédits et rares de la cité et de la terre des Marches*, publiée par le soin de Carlo Ciavarini (*Tip. Del Commercio*, Ancône, 1872, t. IV) est reporté un acte de paix entre Osimani et Recatanesi, en date du 17 novembre 1199, signé par un Bombarone en habit de maire d'Ancône. Le professeur Palermo Giangiacomi, bibliothécaire de la bibliothèque communale d'Ancône, dans son ouvrage

Le consulat était une magistrature populaire. Le consul était choisi parmi le petit peuple, classe à laquelle appartenait la famille de frère Élie. En outre, le nom de Bombarone n'était pas répandu. On peut donc conjecturer avec une probabilité suffisante que le consul Bombarone, dont on trouve trace dans les archives de Saint-Ruffin, était un parent proche de frère Élie. En 1198, saint François avait 16 ans. Élie Bombarone n'en pouvait avoir beaucoup plus. On peut même croire, sans heurter la vraisemblance, que frère Élie était le propre fils du consul. De nombreuses circonstances s'éclairent ainsi.

Assise était une petite ville où tout le monde se connaissait. Le tout jeune Élie devait certainement connaître le jeune François, qui émerveillait alors ses concitoyens par son faste et sa prodigalité. Pourtant il ne faisait pas partie de la joyeuse bande qui aidait le fils de Pietro Bernardone à dilapider l'argent de son père. Élie avait un caractère sérieux. Il préférait l'étude aux banquets et aux chants[1]. Thomas de Celano, confirmé en cela par les Trois Compagnons, se rappelle un ami anonyme qui suivait saint François dans les premiers temps de sa conversion, le réconfortant de sa muette sollicitude[2]. Sabatier, suivi par

---

Ancône et l'Italie contre Barbarossa, rapportant la nouvelle, conclut sans hésiter qu'il s'agit de frère Élie. L'erreur est manifeste. À cette époque Élie pouvait avoir au maximum 20 ans. Le portrait de Giunta Pisano de 1236 nous montre un homme encore bien jeune. Or la charge de maire exigeait un homme de plus de 30 ans qui fût citoyen d'un endroit éloigné. Ce maire pourrait être le même consul d'Assise, qui, déchu de sa charge en 1198, devint maire à Ancône l'année suivante. Il peut être le père de frère Élie ; il n'est certainement pas Élie.

1. « *Docebat puerolos in civitate Assisii Psalterium legere* » (Salimbene).

2. Nous rapportons le passage de Celano dans la meilleure traduction, celle de Madame Casolini, faite d'après le texte du père Édouard d'Alençon : « Préférant à tous un jeune homme d'Assise son contemporain, auquel une longue habitude d'amitié le poussait à confier ses secrets, il l'emmenait souvent dans des lieux éloignés et adaptés à la méditation, affirmant avoir trouvé un grand et précieux trésor. Le jeune homme, très heureux et plein de curiosité, allait volontiers avec lui chaque fois qu'il y était invité » (*I Cel.*,

Joergensen, voit dans ce compagnon inconnu le futur frère Élie[1]. Pennacchi soutient la même thèse avec conviction et abondance d'arguments. La chose est très probable. Le caractère de frère Élie est parfaitement conforme au rôle que joue l'ami inconnu auprès de saint François. Souvent ce dernier se dirigeait vers une grotte éloignée dans la campagne d'Assise, où il pénétrait seul pour se consacrer de longues heures à une très ardente prière. L'ami le suivait docilement, donnant de rares conseils, se contentant de le réconforter de sa silencieuse dévotion[2]. Cette attitude modeste

---

trad. Casolini, p. 10, n. 6) : « *Alteratus autem post leprosorum visitationes in bonum quemdam socium, quem multum dilexerat, ad loca remota secum ducens, dicebat illi se quoddam magnum et pretiosum thesaurum invenisse. Et exultans vir ille non modicum libenter vadit cum illo, quoties advocatur.* » Les deux textes concordent et s'adaptent parfaitement à la personnalité d'Élie.

1. Sabatier, dans la VIe leçon du cours tenu à l'université de Strasbourg (6 février 1925), reprend l'opinion répétée dans plus de trente éditions de la vie de saint François. Il écrit dans *Études inédites* publiées par Arnold Goffin (Fischbacher, Paris, 1932, p. 163) : « On s'est déjà demandé si cet ami de la grotte n'aurait pas été frère Élie. Cela aurait expliqué l'ascendant, difficile à comprendre, que celui-ci devait exercer plus tard sur le fondateur de l'ordre. Il faut écarter cette hypothèse. Si frère Élie avait, dès avant la vocation définitive de François, joué auprès de lui un rôle si important, Celano, dans la première légende où il cherche sans cesse à mettre en avant frère Élie, à appuyer en particulier sur ses relations amicales avec le saint, n'aurait pas manqué de s'emparer d'un fait si favorable à des vues qui étaient les siennes au moment où il écrivait. » Sabatier se trompe ici du tout au tout. Le silence de Thomas peut s'expliquer par des raisons très légitimes. Celano ne cherche en fait à aucun prix, dans sa *Première Légende*, à mettre en avant frère Élie. Thomas, (*I Cel.*, II, 6) déclare ne vouloir dire le nom d'aucun compagnon de saint François pour ne pas en offenser la modestie. En effet il ne cite jamais aucun nom. Cette règle vaut aussi pour Élie, qui est cité seulement comme vicaire du saint et ministre général de l'ordre. La prééminence est donnée à la charge et non à la personne. Ainsi s'expliquent le silence puis les citations répétées. Sabatier se demande si cet ami n'aurait pas été frère Léon, mais les Trois Compagnons se taisent sur cette hypothèse, comme Celano, et leur silence a une toute autre signification, qui désigne frère Élie.

2. « *Quem Franciscus ad quamdam criptam juxta Assisium sæpe ducebat et ipse*

est aussi conforme à la situation d'Élie : fils d'un petit marchand face au fils d'un grand marchand, brillant de surcroît du prestige du génie, que saint François posséda toujours et partout de façon remarquable depuis le début[1].

Frère Élie se trouvait face à sa propre famille dans la même situation que saint François face à la sienne. Il avait l'âme infiniment supérieure à sa condition. Au commerce il préférait l'étude et la méditation. C'était le même sens de rébellion à la vie médiocre qui enflammait le cœur de saint François. Lui aussi cherchait passionnément sa voie. Ainsi naquit son intimité avec saint François. La similitude des situations développa l'unisson des sentiments et cimenta une affection qui resterait inaltérable à la vie à la mort.

La générosité des jeunes gens rendit Élie solidaire de saint François dans la rébellion contre la vie mesquine à laquelle sa

solus intrans sociumque de thesauro habendo sollicitum foris reliquens, novo ac singulari spiritu perfusus Patrem in abscondito exorabat, cupiens neminem scire quod ageret intus præter solum deum, quem de coelesti thesauro habendo assidue consulebat» (*Tres Socii*, IV).

1. Arnaldo Fortini s'oppose à cette conjecture pour une raison en apparence plausible, mais qui tombe au premier examen. Dans la *Première Vie* du Célanais, il adopte le texte « *magnus inter ceteros* », qui est manifestement erroné, au lieu du texte exact « *magis inter cereteros* ». En effet avec le premier texte le sens ne va pas et ne correspond pas au latin si correct du Célanais. Cela a été remarqué immédiatement par les pères Marcellino da Civezza et Théophile Domenichelli, qui tinrent cette incise pour une interpolation. En effet, elle apparaît comme un ajout étranger et inutile, qui retarde le cours de la narration, tandis que *magis* donne un texte fluide et correct, pleinement adapté à la phrase. Il ne peut y avoir aucun doute sur l'exactitude du texte *magis inter ceteros*, qui correspond en outre au texte des Trois Compagnons. Appartenant à la famille d'un consul, Élie pouvait se considérer comme un personnage considérable, surtout par rapport aux compagnons de dissipation de saint François. Le texte *magis inter ceteros* correspond mieux au caractère de saint François et l'éclaire d'une vive lumière : à ses compagnons de fête, il préférait le compagnon de vertu, le solitaire qui s'était consacré à l'étude.

famille voulait l'assujettir. Pour échapper à la prétention de son père, François s'était réfugié dans une grotte « connue d'un seul », qui en secret le réconfortait et lui apportait de la nourriture[1]. Cet ami innommé ne peut être que celui-là même qu'on a vu auparavant *magis inter ceteros dilectus*. Ici aussi le rôle convient pleinement à frère Élie[2].

Après cela, toute allusion ouverte ou cachée à frère Élie disparaît des anciennes légendes. Eccleston indique qu'Élie fréquenta l'atelier de Bologne et passa son doctorat dans cette célèbre université[3]. Plus tard Bernard de Besse l'appellera « *vir adeo in sapientia humana famosus, ut raros in ea pares in Italia putarentur habere*[4] ».

On ne sait quand frère Élie entra dans l'ordre. La date de 1211 donnée par Wadding[5] se rattache à un séjour de saint François à Cortone, au cours duquel il convertit à la pauvreté le frère Guido. L'affirmation selon laquelle il aurait aussi converti frère Élie est tout à fait gratuite. Elle présuppose le fait que frère Élie

1. « *Erat fovea illa in domo, uni tantum cognita soli* » (*I Cel.*).

2. Le père Sparacio, dans une conférence sur frère Élie tenue à Santa Croce à Florence le 29 juin 1925, reconnaît justement en ces deux anonymes la figure de frère Élie. Mais dans son enthousiasme, Sparacio va trop loin quand, dans chaque anonyme des *Légendes*, il veut reconnaître frère Élie. Dans *I Cel.*, p. 15, n. 24, on parle encore d'un anonyme : « Un homme d'Assise fut le premier à suivre dévotement l'esprit pieux et simple, l'homme de Dieu. Après lui, frère Bernard. » À l'évidence, ce premier compagnon n'est pas Élie. C'est un pauvre homme, simple d'esprit, mort avant même la fondation de l'ordre. Il ne peut être que ce mendiant rappelé par l'ancien biographe, qui suivait saint François pour le bénir quand son père, en le rencontrant, le maudissait (*II Cel.*, VII ; *Tres Socii*, VIII). L'anonyme de Pérouse en donne le nom : Alberto.

3. *Analecta Franciscana*, t. I, p. 241.

4. Eccleston rapporte encore : « *Quis in universo christianitatis orbe vel gratiosior vel famosior quam Helias ?* »

5. Luc de Wadding, *Annales Minorum*, 2e éd., Rome, 1739.

aurait eu pour patrie Cortone[1]. C'est invraisemblable, Élie étant un citoyen d'Assise, comme il n'est plus permis d'en douter[2].

Lempp regrette avec une singulière ingénuité de ne pouvoir préciser la raison pour laquelle Élie se joignit à saint François. Elle est simple : il suffit de lire Thomas de Celano. Le dithyrambe de l'ancien biographe est pur reflet de la réalité :

---

1. Luigi Mirri cite une longue liste d'auteurs qui attribuent à frère Élie une origine cortonaise. Mais ce sont tous des auteurs récents, qui rapportent *une opinion*, non *un témoignage*. Les plus anciens, comme Marian de Florence, sont du xve siècle. Ils ne peuvent rivaliser en autorité avec les sources contemporaines : Thomas de Celano et Salimbene. Mirri cite aussi Lempp, à tort toutefois car malgré le titre de son œuvre, il est pour l'origine assisaine (*Frère Élie de Cortone*, *op. cit.*, p. 36), tout comme Sabatier et Joergensen.
2. Dans ses *Études inédites*, déjà citées, Sabatier met en évidence de façon singulièrement originale l'œuvre de saint François comme réparateur d'églises. Dans l'abside de l'église de Santa Maria Maggiore, à Assise, on trouve une inscription, grossièrement gravée sur la pierre, de l'époque où l'abside fut construite : « *tempore fratris Francisci et domini Guidi* (au temps de frère François et de monseigneur l'évêque Guido) ». Sabatier rappelle encore une autre inscription aujourd'hui disparue, mais de laquelle a été conservé le texte d'un auteur du xviiie siècle que Sabatier ne nomme pas. Cette inscription était à l'intérieur de l'abside et disait : « *Sanctus Franciscus hanc tribunam fieri fecit anno Domini MCCXVI.* » *Tribuna* est le terme latin pour « abside ». De cela Sabatier déduit que la réparation de l'église ne fut pas une œuvre exclusivement individuelle de saint François, mais fut pour beaucoup une œuvre collective à laquelle se trouvèrent associés tous les citoyens. Saint François devint pour ainsi dire chef et directeur de travaux. Cette société ressurgit en 1228 quand fut commencée la construction de la grande basilique dont « frère Élie est le seul et vrai architecte », selon les paroles mêmes de Sabatier. Frère Élie fut-il parmi les compagnons maçons qui aidèrent saint François dans son œuvre de réparation des églises ? Le génie montré par la suite comme constructeur de monuments incomparables, la fiabilité de ses plans, la rapidité de leur exécution, permettent de supposer qu'Élie ait été parmi les maçons dès le début et peut-être à proprement parler leur chef et directeur. Il est souhaitable que de nouvelles recherches soient faites dans ce sens.

> Les docteurs illustres en réputation et en dignité admiraient ses discours, les hommes et les femmes y couraient, les clercs et les religieux se précipitaient pour entendre le saint de Dieu, qui semblait à tous un homme d'un autre monde. La réputation de saint François apparut comme une nouvelle lumière envoyée du ciel sur la terre. Elle resplendissait comme une étoile brillant dans l'obscurité de la nuit et comme la lumière de l'aube répandue sur les ténèbres, au point que beaucoup ayant abandonné les soucis du monde, dans la vie et les enseignements du bienheureux père François apprirent à se connaître eux-mêmes et se tournèrent vers l'amour et le culte du Créateur[1].

La grande intelligence de frère Élie vit tout de suite, comme aucune autre, la grandeur de l'œuvre à laquelle s'était attelé saint François. Le XIIe siècle fut le siècle mystique par excellence : *le siècle de la Croix*. Toutes les aspirations étaient tournées vers le ciel. Les croisades, alors dans leur plus grande ferveur, avaient pour but la conquête du sépulcre du Christ autant que celle de la béatitude éternelle. La vie supraterrestre attirait les esprits avec une force irrésistible. Plus l'âme était élevée, plus l'attirance était forte[2].

Élie avait l'âme très élevée. L'étude et la méditation en avaient consolidé et développé la noblesse originelle. L'obscur sentiment qui le poussait tout jeune à suivre le jeune François était devenu lumineusement conscient. L'ancienne affection se ralluma dans le

1. *I Cel.* I, 15. L'ancien biographe a une phrase qui semble écrite exprès pour frère Élie : « Nombre de gens du peuple, nobles et plébéiens, clercs et laïcs, touchés par la divine inspiration, commencèrent à aller vers saint François, désireux de servir pour toujours sous sa direction et ses ordres. »

2. Golubovich note justement : « Lempp se plaint de ce que l'Histoire taise *pourquoi* Élie se consacra à suivre la vie de François ! Étrange lamentation pour qui peut comprendre bien le *pourquoi* dans les disciples de Jésus Christ. »

cœur d'Élie pour ne plus s'éteindre. Il entra dans l'ordre avec tout son cœur, toute son intelligence, tout son amour. À partir de ce moment, il n'eut qu'une pensée et un but : la réalisation et la diffusion de l'idéal séraphique jusqu'aux extrêmes confins du monde.

Dans les anciennes biographies, Élie apparaît à l'improviste en première ligne sur la scène franciscaine en 1217, comme chef de la mission en Terre sainte organisée pendant le chapitre de Pentecôte de cette année-là. C'est le témoignage du grand prestige acquis par frère Élie dans l'ordre, la preuve de l'estime et de la confiance mises en lui par le saint fondateur. Cela dénote aussi l'ancienneté certaine de sa prise d'habit. La Terre sainte était alors la province la plus importante de la chrétienté. Y affluaient des gens de toutes les nations, avec la fleur de la chevalerie chrétienne[1].

La province de Syrie, dont frère Élie fut le premier provincial, est appelée dans les mémoires du XIIIe siècle tantôt province *Ultramarine de Terre sainte ou de Promesse*, tantôt province *de Romanie ou de Grèce*, tantôt encore *d'Antioche et de Romanie*[2] ; dénominations qui nous font comprendre l'étendue d'une telle province, qui comprenait Constantinople et son empire, avec les îles grecques, l'Asie Mineure, Antioche, la Syrie, la Palestine,

1. « *Frater autem Helias Minister provincialis est institutus ultra mare a B. Francisco [...] Frater Helias, Minister Syriæ, cum sociis suis ultra mare missi fuerunt* » (*Jordani Chron.*, in *Analecta Franç.*, t. I, p. 3-5). Les historiens de saint François ont noté comme une singulière caractéristique de l'ordre que les missions soient allées dans les terres des infidèles avant d'aller auprès des peuples chrétiens. Dans la pleine ferveur des croisades, le fait est tout à fait naturel. La Palestine était alors la province où convergeaient tous les peuples chrétiens. La croisade décidée par le concile du Latran en 1215 était depuis deux ans le but et la préoccupation de toute l'Europe. Les chevaliers de saint François ne pouvaient manquer à l'entreprise. Frère Élie, avec ses compagnons, dont le nom n'est pas resté, embarqua sur la flotte qui, en 1217, partit de Brindes pour la Terre sainte. Sa mission ne faisait que suivre le courant de l'époque.
2. Frère Salimbene, *Chroniques*, p. 317.

Chypre, l'Égypte et tout le reste du Levant[1]. Élargir l'influence de l'ordre franciscain à des territoires aussi immenses, peuplés d'infidèles et de schismatiques, était réellement une entreprise surhumaine ; mais, grâce à la force de l'impulsion primitive, en moins de dix ans, à la mort du saint, les milices de la pauvreté dominaient, respectées et admirées, tout ce vaste espace.

Aucun témoignage précis de l'activité de frère Élie pendant la longue période (1217-1220) où il fut à la tête de la province de Syrie n'est parvenu jusqu'à nous. Mais ce que nous savons de son génie et de son esprit d'entreprise nous incite à affirmer qu'il consacra à sa mission une activité et une intelligence prodigieuses. Saint François, le rejoignant en Orient en 1219, y trouva préparée une atmosphère extrêmement favorable. Frère Élie était déjà célèbre parmi les croisés pour son éloquence et la sainteté de sa vie. La conversion de frère Césaire de Spire, clerc et prédicateur dans sa patrie, suffit à donner une idée du zèle et de l'ascendant de frère Élie[2].

Un autre fait notable permet des déductions plus larges, c'est le voyage que frère Luc fit à Rome au début de 1220 pour référer au Saint-Père de la situation des deux Églises grecque et latine. Cette mission fut à l'évidence organisée par le ministre provincial, la seule autorité qui en avait le pouvoir. Des documents de l'époque[3], il ressort qu'il y avait alors un couvent franciscain à Constantinople confié à la garde de frère Luc, mais sans aucun doute fondé par frère Élie.

Cet intérêt de frère Élie pour la réconciliation des deux Églises mérite d'être spécialement relevé. Là où les documents sont

1. *Ibid.*, p. 143
2. Bartolomée de Pise, *Conformités*.
3. Père Jérôme Golubovich, *Biblioteca bio-bibliografica*, *op. cit.*, p. 108. Plus tard, en 1263, étant donné l'énorme extension de la province de Syrie, elle fut divisée en deux provinces distinctes : celle de Syrie et celle de Terre sainte, avec la Syrie, Chypre et l'Égypte, et celle de Romanie et Grèce avec les domaines de l'empereur byzantin.

rares, l'historien scrupuleux doit mettre en relief les documents existants. Nous pouvons juger à la lumière des faits postérieurs. Frère Élie fut l'un des esprits politiques les plus éminents de son temps. Sa vocation était de gouverner les hommes et de provoquer les événements. À la suite des croisades, l'union de l'Église romaine était devenue un des problèmes fondamentaux de la politique des papes. Frère Élie, provincial d'Orient, ne pouvait s'en désintéresser. La mission de frère Luc témoigne de la préoccupation d'Élie pour cette question vitale. Cette préoccupation sera constante pendant toute la vie de frère Élie.

Deux ans s'étaient écoulés depuis que frère Élie était parti pour la Terre sainte quand saint François se prépara à le rejoindre. La croisade était l'épreuve du chevalier. L'étendard du Christ ne pouvait y manquer. Une fois célébré le chapitre de Pentecôte à Sainte-Marie-des-Anges (26 mai 1219), saint François partit avec un groupe de disciples d'Ancône, pour embarquer le 24 juin suivant vers la Palestine sur les navires des croisés. Vers la fin juillet, les navires approchèrent de Saint-Jean-d'Acre, où le Saint-Père retrouva frère Élie. Respectueux de la hiérarchie, il lui confia ses compagnons comme ministre provincial ; et, avec frère Illuminé, il se rendit au camp de Damiette[1].

1. Frère Césaire, sous-diacre de la cathédrale de Spire, offre un exemple typique de ces âmes inquiètes, assoiffées d'idéal, si nombreuses au XIIIe siècle, qui se rendaient partout en cherchant d'abord dans la science, puis dans la religion, l'apaisement de leurs angoisses. Disciple du grand prédicateur Conrad de Spire, il avait été pris du désir de réformer l'Église. Ses prêches eurent du succès et un certain nombre de femmes de Spire suivant ses exhortations, adoptèrent un mode de vie plus sévère. Mais cela ne plut pas à leurs maris, qui obligèrent Césaire à quitter la ville. Il se rendit alors à Paris, fréquentant la célèbre école. De là il partit vers l'Orient où il retrouva dans la prédication des Frères mineurs ses aspirations et ses rêves. Cet exemple montre combien l'attente était répandue dans les âmes quand apparut l'Évangile franciscain et comme partout était préparé le terrain pour l'accueillir (*Jordani Chron.*, in *Biblioteca bio-bibliografica, op. cit.*, p. 38 ; Sabatier, *Vie de saint François d'Assise*, Fischbacher, Paris, 1894, chap. XIII).

Nous avons déjà raconté ailleurs les détails de la croisade de saint François[1]. Le charme que le *Poverello* exerça toujours sur tous ceux qui l'approchaient conquit même le sultan d'Égypte, le magnanime Malek-el-Kamel, qui nouera par la suite une chevaleresque amitié avec Frédéric II. Saint François demeura un mois, presque tout septembre 1219, à prêcher l'Évangile dans le camp sarrasin. Ne recueillant pas les fruits espérés, après avoir refusé les riches dons que la générosité du sultan lui avait offerts, il retourna aux campements chrétiens muni d'un écrit impérial accordant à lui et à ses frères le droit d'aller partout dans les possessions sarrasines sans payer de tribut[2].

Ce retour fit dans le camp des croisés l'effet d'un miracle. La réputation et le prestige du saint devinrent immenses. Jacques

---

1. Salvatore Attal, *San Francesco d'Assisi*, Belforte, Livourne, 1930, p. 297. Deux lettres papales, une du 9 décembre 122 et l'autre du 18 février 1221, nomment frère Luc comme ministre de Romanie et de Grèce.

2. *Actus*, cap. 27 : « *Et insuper liberaliter sibi et sociis suis concessit Soldanus quod quocumque vellent libere possent ire, et ubique per totum imperium suum libere prædicare. Et dedit illis quoddam signaculum quo viso a nemini lædebantur. Habita igitur hac liberali licentia, Sanctus Franciscus illos suos socios binos hinc inde transmisit in diversis partis paganorum.* » Golubovich commente ainsi ce passage : « Un critique impartial devra voir dans ce passage non pas un récit légendaire, mais un détail historique qui concorde, par sa nature et sa cohérence, avec le fait et les circonstances historiquement vraies de l'accueil le plus extraordinairement bienveillant réservé par le monarque mahométan à l'humble *Poverello* du Christ. » Ce détail d'un édit souverain donné à François et aux siens a en outre une plus ancienne confirmation dans le témoignage d'Ange Clareno, qui prit l'habit vers 1260 et connut de nombreux compagnons du saint. Il fait une claire allusion à un document souverain quand il affirme que le sultan « *ipsum (b. Franciscum) et omnes fratres suos libere ad Sepulcrum et absque tributi solutione accedere posse mandavit* » (Père Jérôme Golubovich, *Biblioteca bio-bibliografica*, *op. cit.*, t. I, p. 61-62). Cela explique la préférence que les papes ont toujours montrée dans leur choix des Frères mineurs comme ambassadeurs auprès des chefs mahométans. Mais, fait encore plus notable, ce fut encore un franciscain que le sultan d'Égypte chargea en 1244 d'une mission auprès d'Innocent IV.

de Vitry, dans une lettre écrite en ces jours-là à ses amis de Lotharingie, parle ainsi de l'aventure franciscaine :

> Je vous annonce que dom Ranieri, prieur de Saint-Michel, est entré dans l'ordre des Frères mineurs, ordre qui s'accroît de tous côtés, parce qu'il est apparu comme ressemblant à l'Église primitive et suit en toute chose la vie apostolique. Le chef de ces frères s'appelle frère François et il est si aimable qu'il se fait vénérer de tous. Étant venu auprès de notre armée, il n'a pas craint de se rendre auprès de l'ennemi, tant est vif son zèle pour la foi. Pendant plusieurs jours il a annoncé aux Sarrasins la parole de Dieu, mais sans succès. Alors le sultan et roi d'Égypte lui a demandé en secret de supplier Dieu de leur révéler par quelque miracle quelle était la meilleure religion. L'anglais Collin, notre prêtre, est entré dans le même ordre et deux autres de nos compagnons également, Michel et Dom Matthieu, à qui j'avais confié le soin de la sainte Église. J'ai beaucoup de mal à empêcher le chantre et Henri d'en faire autant[1].

Ce document est caractéristique ; le dernier trait, surtout, est particulièrement éloquent. Il atteste du charme irrésistible exercé par saint François : l'évêque reconnaît avoir du mal à empêcher ses ouailles de suivre le saint. Il atteste aussi du développement atteint en Orient par l'ordre franciscain. Une part importante du mérite en revient à frère Élie, ministre provincial. Les anciennes chroniques passent son œuvre sous silence, mais les faits eux-mêmes parlent. Comme l'a noté justement Golubovich, il n'est pas croyable qu'Élie ne se soit pas trouvé dans le camp des croisés en même temps que le Père séraphique, après son retour du

1. *Epistola Magni Jacobi Acconensis Episcopi missa ad religiosos, familiares et notos suos in Lotharingia* in père Jérôme Golubovich, *Biblioteca bio-bibliografica, op. cit.*, t. I, p. 7-8.

camp sarrasin. Son action intelligente et avisée a certainement contribué à la diffusion de l'idéal franciscain parmi les croisés.

Le 5 novembre 1219, la cité de Damiette, malgré la défense désespérée des musulmans, tomba au pouvoir des croisés. Les places, les maisons, les mosquées n'étaient plus qu'un immense cimetière. Les cadavres s'y accumulaient. Des soixante-dix mille habitants, qui y étaient avant le siège, seuls trois mille étaient restés sur pied, errant comme des spectres au milieu des tombes et des ruines. Mais les richesses en or, argent, perles et étoffes précieuses furent trouvées en si grande quantité que, selon un chroniqueur, les croisés semblaient avoir conquis la Perse, l'Arabie et l'Inde.

Le 2 février 1220, consacré à la purification de la Vierge, après avoir terminé de remettre la cité en ordre et de la nettoyer, les croisés firent leur entrée solennelle à Damiette et assignèrent aux clergés des diverses nations les nombreuses mosquées transformées en églises pour le culte chrétien. Les Frères mineurs eurent église et couvent dans le quartier assigné aux Bolonais[1].

Saint François assista avec ses compagnons à ces événements. Son cœur saigna devant le spectacle de la violence déchaînée dans le camp chrétien de la victoire. Quand il ne resta plus rien à piller, succéda le désir de profiter des richesses possédées. La licence succédait à la violence. Dans le camp croisé, il n'y avait plus de place pour saint François[2].

1. Père Jérôme Golubovich, « San Francesco e i francescani in Damiata », in *Studi Francescani* 23, 1926, p. 6-14.

2. Le continuateur de Guillaume de Tyr, entre 1229 et 31, parle ainsi de saint François : « *Cet hom, qui comença l'ordre des freres Menors, si ot nom frères François, qui puis Saintefia et fu mis en auctorité, si que l'en apele Saint François, vint en l'hoste de Damiette, et y fist moult de bien, et demora tant que la ville fut prise. Il vit le mal et le péché qui comença a creître entre les gens de l'ost, si le deplust, pour quoi il s'en partit et fut une pièce en Surie ; puis s'en rala en son pais.* »

Dans la première moitié de février 1220, il abandonna Damiette en y laissant un groupe de frères qui devait continuer la mission[1]. Avec le patriarche, il y avait frère Élie, Pierre Cattaneo et Césaire de Spire, qui devaient peu après rentrer en Italie avec lui[2]. Le petit groupe de *poverelli* se retrouva en peu de jours à Acre. Jusqu'alors, saint François avait fait le croisé, maintenant il se préparait à faire le pèlerin. Le séjour du saint en Syrie se prolongea jusqu'en juin 1220. Il eut donc le loisir de parcourir la Syrie : *Syriam deambulans* dit le Celanais. Accompagné de frère Élie, qui devait avoir été pour lui un guide précieux, le Saint-Père visita les lieux saints ; il alla à Bethléem, vit la grotte où était né le Sauveur, parcourut les rues où s'étaient posés ses pieds divins, pleura de chaudes larmes sur le sépulcre du Christ. Tous les biographes s'accordent à admettre cet itinéraire.

Frère Élie devait avoir vécu avec une indicible intensité les jours du pèlerinage avec le saint. Saint François était un maître incomparable. Auprès de lui, la vision devenait réalité. Dans les lieux qui furent témoins des événements, les actes évangéliques prenaient un relief extraordinaire. La foi ardente rendait les faits visibles. Pour des âmes qui n'avaient d'autre raison de vivre que l'amour du Christ, le pèlerinage en Terre sainte fut certainement un enchantement et une exaltation de chaque instant. Ils sentaient s'évanouir les choses de ce monde, élevés vers le divin qui planait partout sur les campagnes et rendait Jérusalem auguste. Frère Élie n'oublia jamais le choc de ces journées et sa pensée sera toujours fidèle au souvenir de la Terre sainte, où il retournera dans ses vieux jours comme missionnaire de paix et de religion.

Pendant que tout cela se passait en Syrie, les choses en Italie tournaient mal pour l'ordre. Saint François avait laissé en partant comme vicaires en Italie frère Grégoire de Naples et frère

1. Père Jérôme Golubovich, « San Francesco e i francescani in Damiata », art. cit., p. 22.
2. Jourdain de Giano, *Chronique*, 14.

Matthieu de Narni. L'un devait rester à la Portioncule pour donner l'habit aux nouveaux frères; l'autre devait parcourir l'Italie pour réconforter les frères et maintenir la discipline dans l'ordre.

L'entreprise n'était pas facile. Il n'y avait encore aucune norme précise pour régler l'admission dans l'ordre. Y entraient des jeunes gens non préparés et inexpérimentés qui ensuite, abusant de la liberté illimitée laissée aux frères, faisaient scandale et compromettaient l'ordre. Un passage de Vitry, probablement interpolé mais non moins vrai, le constate avec beaucoup d'inquiétude. Saint François était un chevalier et un héros. La vie était pour lui une entreprise héroïque, sur le modèle de la vie du Christ. Il ne la concevait que comme un vol de sommet en sommet, toujours plus haut. Telle fut vraiment sa vie. Elle ne pouvait pas être la vie commune d'un grand nombre[1]. Le cardinal Hugolin l'avait bien compris. La chevalerie errante pouvait convenir à une minorité élue, avançant à l'intérieur d'un idéal très élevé; elle serait devenue révolution et anarchie dans la masse grise des médiocres.

Grégoire de Naples était le neveu du cardinal Hugolin, homme de grand génie et vivement préoccupé du bien de l'ordre. Faisant le tour de l'Italie, il put découvrir facilement les causes du relâchement qui s'était introduit dans l'ordre avec le nombre croissant des frères. Il y avait principalement deux raisons à ce discrédit: l'absolue pauvreté et l'absolue liberté. Grégoire chercha à atténuer l'une et l'autre. C'était la réalité qui prenait le pas sur l'idéal.

---

1. Saint François lui-même comprit bien vite que son idéal était fait pour une minorité choisie et ne serait pas adapté à un grand nombre. Placé dans l'alternative de diminuer son idéal pour le rendre accessible ou de réduire le nombre de ses disciples, il n'hésita pas et choisit, sans pour autant y réussir, de sacrifier le nombre: «Afin de protéger sa pauvreté choisie, l'homme de Dieu craignait la foule qui aurait donné à l'ordre sinon la réalité, du moins l'apparence de la richesse. C'est pourquoi il s'exclamait: "Dieu veuille que les gens, ne voyant que rarement les Frères mineurs, s'émerveillent de leur petit nombre."» (*II Cel.*, 70).

Dans tous les ordres monastiques, la direction appartenait au clergé. L'obéissance maintenait la discipline. La formation des religieux était garantie par une certaine période de noviciat. Sous peine d'excommunication, il était interdit d'abandonner l'habit après la profession de foi. On ne pouvait plus quitter l'obédience. La pauvreté était adoucie, mais l'austérité fortifiée par l'abstinence et les jeûnes.

Les ministres et les docteurs de l'ordre franciscain, convoqués en chapitre par les vicaires, pensèrent qu'il était opportun de prendre dans les anciennes Règles tout ce qui pouvait consolider la nouvelle fondation, en se conciliant avec sa vocation particulière. Pour assujettir les frères à une discipline plus rigoureuse, se multiplièrent préceptes et abstinences et l'obéissance fut rendue plus stricte. Ainsi le nouvel ordre tendait à adopter une constitution semblable à celle des anciens ordres : armée régulière autant que libre chevalerie. C'était la conséquence inévitable de la grande diffusion de l'ordre. La raison humaine devait prendre le pas sur les raisons idéales.

Les docteurs, venus de toutes les parties de l'ordre, avec l'absolue conviction de faire le bien de l'ordre, aspiraient à en prendre la direction. Ils considéraient comme un devoir de faire bénéficier la communauté de leur savoir et de leur enseignement. La science était un bien suprême dont on ne devait pas priver l'ordre. C'est pourquoi Pietro da Stachia avait institué à Bologne un *bureau* des Frères mineurs, comme en avaient les Prêcheurs. Frère Philippe, zélateur des « Pauvres Dames », s'était fait attribuer par Grégoire IX des privilèges, que sainte Claire refusa énergiquement pour Saint-Damien. Ici aussi c'était la réalité qui prenait le pas sur l'idéal et le diminuait pour le réaliser.

Enfin un frère, appelé Jean de Capella, avait regroupé un grand nombre d'adhérents des deux sexes et avait écrit une règle pour fonder avec eux un nouvel ordre. Il s'était alors présenté au pontife pour obtenir son approbation. Les vieilles sources parlent à ce propos de lépreux. C'est invraisemblable. Un ordre de lépreux ne pouvait être que la supputation d'un esprit déséquilibré. Il ne serait jamais parvenu jusqu'à la majesté du pontife. D'ailleurs la sévère ségrégation à laquelle étaient sujets les malheureux du Moyen Âge rend inconcevable une audience papale à eux accordée. La vérité doit avoir été bien moins romantique : la fondation de Jean de Capella devait être quelque chose de très ressemblant à ce qui fut par la suite le Tiers-ordre franciscain. Ce n'était pas une folle entreprise, mais une scission et un scandale.

Indubitablement, tout cela annonçait des jours difficiles pour l'ordre. Les esprits étaient divisés, inquiets, en proie à l'incertitude. L'avenir apparaissait plein de dangers. La nouvelle de la mort du fondateur s'était répandue. Le troupeau sans pasteur menaçait de s'égayer à travers les routes où le conduisaient les nouveaux chefs et les nouvelles tendances. Un frère laïc, appelé Stéphane le Simple, se fit le porte-parole de l'inquiétude générale et, à l'insu des vicaires, se rendit en Orient pour supplier saint François de rentrer au plus tôt en Italie[1].

Saint François était à table avec Pierre Cattaneo quand frère Stéphane vint lui apporter toutes ces mauvaises nouvelles. Entre les commensaux se trouvait un plat de viande ; selon les nouvelles décisions des vicaires, les frères ne pouvaient en manger ce jour-là. Saint François montra la viande à son compagnon en disant :

— Messire Pierre (car par respect pour sa science, François l'appelait toujours *messire*), messire Pierre, dites vous-même ce que nous devons en faire ?

— Eh ! répondit frère Pierre, nous en ferons ce que vous voudrez, car vous êtes le seul à pouvoir donner des ordres.

— Alors, répliqua saint François, obéissons au saint Évangile et mangeons ce qui est placé devant nous.

Cet acte si simple était plus qu'un jugement : c'était une condamnation. Il était urgent désormais de préparer le retour. Prenant avec lui frère Élie, Pierre Cattaneo, Césaire de Spire et

1. *Ibid.*, chap. XII.

certains autres frères, saint François s'embarqua vers la fin juin sur un navire qui, de Syrie, se rendait à Venise[1].

Restèrent en Palestine de nombreux frères, rassemblés non seulement dans le territoire occupé par les chrétiens, mais aussi dans des zones tenues par les Sarrasins, où ils étaient venus en aide spirituelle à beaucoup de peuples chrétiens soumis à la domination du sultan d'Égypte.

Frère Luc succéda à frère Élie comme provincial de Terre sainte.

Jacob de Vitry atteste que non seulement les fidèles du Christ, mais aussi les Sarrasins et tous les autres infidèles étaient en admiration devant l'humilité et la perfection des frères :

> Quand ils vont prêcher auprès d'eux, ils sont accueillis volontiers et on leur fournit le nécessaire. Tant que les Frères mineurs prêchent au sujet du Christ et de la doctrine évangélique, les Sarrasins les écoutent volontiers, mais quand, durant la prédication, ils insultent Mahomet en le traitant de faux prophète et de menteur, alors ils les chassent de leur cité après les avoir bastonnés, et sans la divine protection, ils manqueraient de les tuer.

Frère Élie laissait une province fortement organisée, où la vertu et l'exemple du bienheureux Père avaient exalté l'enthousiasme et la foi des fils. Cette organisation a résisté aux siècles et encore aujourd'hui les imperturbables milices franciscaines montent la garde autour du Saint-Sépulcre, plus durables que les peuples et les dynasties. Dans la Jérusalem sainte, c'est l'habit franciscain qui représente la continuité de la foi dans le Christ et de la fidélité à l'Église.

Ce n'est pas une petite gloire pour frère Élie que d'avoir été le premier à le porter en Terre sainte.

---

1. *Hist. Orient.*, chap. 32 ; père Jérôme Golubovich, *Biblioteca bio-bibliografica*, *op. cit.*, t. I, p. 9-10.

III

Frère Élie vicaire de saint François

SAINT François atteignit Venise en août 1220. La navigation dut être très fatigante, car il arriva exténué. Le surmenage de la croisade, dans un climat torride, avait affaibli sa constitution déjà frêle. Il avait contracté en Orient une maladie des yeux qui devait le tourmenter longtemps et le mener au bord de la cécité. Mais, dans la chair épuisée, l'esprit s'était exalté au-delà des limites humaines. Pendant six mois entiers, sur la terre sacrée de Judée, il avait cherché, il avait vu les traces des pas divins. Il s'était arrêté dans tous les lieux où s'était manifestée la divinité du Christ. Il avait senti en lui, *dans sa chair*, le reflet de cette divinité. Et son humanité s'était transformée. À son retour de Terre sainte, saint François s'aperçut qu'une nouvelle vertu émanait de lui : la vertu thaumaturgique. Et il en avait ressenti à la fois crainte et consolation.

Il était parti pour la croisade en héros ; il revenait en saint.

La direction de l'ordre devenait un poids insupportable pour lui. Les mille soucis quotidiens qu'impose le gouvernement d'une multitude dépassaient désormais ses capacités. Constamment absorbé par le divin, il ne voyait plus les petites choses de la terre. Il devait céder à d'autres le commandement et la responsabilité des frères. Il serait resté, hors de toute charge, le suprême modérateur, l'arbitre et l'exemple incomparable. Au pas doux d'un petit âne, car il n'était pas en état de marcher, saint François prit le chemin de Bologne, où il aurait rencontré le cardinal Hugolin. Pierre Cattaneo reprit sa charge de vicaire et, accompagné des autres frères, il se rendit directement à la Portioncule pour vaquer à la convocation du chapitre général, à la Pentecôte de l'année suivante.

Dans toute cette période, les anciennes sources ne mentionnent pas frère Élie. Il ne peut avoir été qu'à la Portioncule avec Pierre Cattaneo, en active collaboration avec lui. Quand peu après il prit le commandement de l'ordre, il fut aussitôt au courant, sûr et sans hésitation. Cela démontre un apprentissage précédent.

Saint François s'était longuement entretenu avec le cardinal Hugolin et avait été profondément ébranlé par les graves raisonnements que le vieux prélat lui avait exposés, fruit d'une expérience illuminée et sagace. À l'ordre considérablement accru en nombre il fallait une discipline précise et rigoureuse. L'exemple et les exhortations ne suffisaient plus : il fallait des statuts officiels. L'Église, en mère aimante, avait le droit et le devoir de veiller sur le développement de l'ordre. Le Moyen Âge fut une époque de grande inquiétude spirituelle. De nombreux mouvements, semblables à l'origine au mouvement franciscain, avaient fini dans le désordre et l'hérésie. Il fallait éviter ce danger pour les Frères mineurs. Saint François devait composer une Règle qui, avec l'approbation de l'Église, aurait été le guide infaillible des frères.

Comme en toutes les circonstances graves de la vie, un rêve prémonitoire avait conforté le saint dans ce projet. De toutes les miettes de l'Évangile dont il avait jusque-là nourri ses frères, il devait faire une unique hostie[1]. En plein accord avec le cardinal Hugolin, saint François se rendit à Orvieto, où se trouvait alors Honorius III, qui avait succédé peu auparavant à Innocent III. Le pape exauça toutes ses demandes. Il abrogea le privilège accordé aux Clarisses à l'instigation de frère Philippe ; il rejeta la demande de Jean de Capella ; il demanda au prochain chapitre de révoquer la mesure sur les jeûnes. Mais saint François devait accepter l'intervention immédiate de l'Église pour réguler

1. *II Cel.*, chap. CLIX.

l'admission des frères dans l'ordre[1]. Car alors, dans la grande misère de ce temps, des vagabonds et des fainéants prenaient l'habit pour profiter de la charité des gens, comme ce « frère Mosca » si vivement réprimandé par le saint fondateur[2]. Il était plus qu'opportun, indispensable de mettre un frein au désordre. Fut donc promulgué un décret pontifical pour réguler les admissions dans l'ordre. Ce n'était pas un privilège mais un lien[3]. Il

1. Le recteur de Bologne Boncompagni nous a transmis l'écho du blâme exprimé par beaucoup sur les désordres auxquels donnait lieu la trop facile admission des postulants : « Les Frères mineurs sont jeunes, ou encore adolescents. Donc, comme le veut leur âge, ils sont inconstants et légers en ce qui concerne les règles, ce qui n'est pas du tout étonnant ; mais ils poussent la folie trop loin quand ils vont à travers la cité au hasard, infligeant aux quartiers et lieux solitaires des martyres inhumains sans raison. » Thomas de Celano nous parle d'un jeune homme noble de Lucques, qui se présenta à saint François pour entrer dans l'ordre et s'en alla avec ses parents dès que ceux-ci vinrent le reprendre (*Vita seconda,* II, ii).

2. *Miroir*, chap. XXIV.

3. Le décret est célèbre pour le soin particulier qu'il montre à ne pas vouloir heurter la sensibilité de saint François. Toutefois il marque la fin de la libre chevalerie et le commencement de la discipline ecclésiastique. Le décret porte la date du 22 septembre 1220, à Orvieto : « Évêque Honorius, serviteur des serviteurs de Dieu, aux chers fils, à frère François et à tous les premiers custodes des Frères mineurs, salut et bénédiction apostolique. Puisque selon le conseil du sage, rien ne doit se faire sans pondération, afin qu'à l'action ne succède le repentir, pour ceux qui entendent embrasser une vie supérieure, il est salutaire qu'ils réfléchissent et mesurent sincèrement leurs propres forces. Car dans presque tous les ordres, vaut le principe raisonnable que ceux qui veulent s'assujettir à l'observance d'une règle soient soumis à un certain temps d'épreuve pour évaluer leur vocation. En vertu de notre autorité nous vous commandons donc qu'à la prononciation des vœux dans votre ordre vous n'admettiez personne qui n'ait passé un an d'épreuve. Après la prononciation, qu'aucun frère n'ait la hardiesse de quitter votre ordre et qu'il ne soit permis à aucun autre ordre de l'accueillir. Nous interdisons en outre que quiconque se promène avec votre habit hors de l'obédience et corrompe ainsi la pureté de votre pauvreté. Contre les frères qui auraient une telle hardiesse, vous devrez appliquer la censure ecclésiastique jusqu'à ce qu'ils reconnaissent leurs torts. »

fut communiqué au chapitre provincial qui se tint à la Portioncule pour la Saint Michel 1220 (29 septembre). Saint François y annonça son renoncement définitif à la direction de l'ordre. Pierre Cattaneo fut nommé ministre général, ou pour employer le terme propre, ministre et serviteur de tout l'ordre[1].

Ainsi libéré de tout souci terrestre, saint François put vivre à fond son idéal et le porter aux plus hauts sommets que l'homme ait jamais atteints depuis le Christ[2].

Pierre Cattaneo n'était pas nouveau à la direction de l'ordre. Pendant les fréquentes absences du saint, il avait exercé la charge de vicaire, et y avait montré tact et prudence associés à une profonde piété. Prêtre, docteur de l'université de Bologne, disciple des premiers jours, bien accepté à la curie romaine, Pierre Cattaneo avait une très large autorité. Saint François pouvait se fier

1. Le *Miroir*, par. 30 nous a transmis le souvenir dramatisé de ce désistement: «À partir de maintenant, dit le saint aux frères, je suis mort pour vous; mais voici frère Pierre Cattaneo auquel je veux que vous deviez tous obéissance.» Pendant que les frères pleuraient et gémissaient de la douleur de perdre un si grand-père, saint François se leva et, les yeux au ciel, dit avec une grande ferveur: «Seigneur, je te recommande cette famille que tu m'as confiée jusqu'à aujourd'hui; et maintenant, à cause de l'infirmité que tu connais, Dieu très doux, comme je ne suis pas digne d'en prendre soin, je la confie aux ministres. Et qu'ils soient tenus de T'en rendre raison à Toi, Seigneur, au jour du jugement, si un frère meurt par leur négligence, leur mauvais exemple ou leur inhumaine répression.» Notons que Pierre Cattaneo fut effectivement *ministre* et non *vicaire*. C'est seulement avec les *Légendes* de Celano qu'entre en vogue cette dénomination pour le temps que saint François resta en vie.

2. Lempp s'égare complètement en rapportant cet événement. Il voit partout complot de l'Église, tromperies du cardinal Hugolin, trahisons des compagnons du saint. Frère Élie est le complice principal, et cette complicité lui assure la faveur de la curie. Tout cela est folle imagination. Lempp oppose toujours saint François à l'Église; il voit partout des oppositions qui n'en furent pas, porte contre les plus fidèles amis et collaborateurs du saint les accusations les plus graves avec une inconcevable légèreté. Le fait de ne pas être catholique n'exempte pas d'être juste.

pleinement à lui. Une fois dissous le chapitre de septembre, saint François demeura à la Portioncule, occupé à la rédaction de la Règle selon la décision de la communauté des frères. Césaire de Spire collaborait avec lui pour adapter les textes évangéliques, ou peut-être simplement comme secrétaire. Saint François avait du mal à écrire et sa maladie oculaire devait avoir aggravé cette difficulté. De frère Élie il n'existe aucune mention dans les chroniques. Il est l'humble ami, dont l'œuvre assidue reste dans l'ombre. Il n'est pas douteux qu'il ait été présent à la Portioncule auprès du saint ou peut-être plutôt auprès de Pierre Cattaneo, à qui pouvaient mieux servir ses dons exceptionnels d'organisateur.

Pendant que se déroulaient ces événements dans l'ordre franciscain, à Rome on célébrait un événement qui aurait plus tard une influence notable sur le développement de l'ordre et marquerait un tournant dans la vie de frère Élie. Le 22 novembre 1220, le pape couronnait à Saint-Pierre Frédéric II empereur d'Occident, dans une cérémonie d'un luxe splendide et solennel. Frédéric II jura de conserver à l'Église romaine tous les droits et les possessions qu'elle avait à Rome, plus les fiefs de la comtesse Mathilde auxquels il ajouta le comté de Fondi dans la Terre de Labour en Campanie. Il promit aussi de se rendre à la croisade en Orient pour la libération du Saint-Sépulcre[1]. L'accord entre l'empereur et le pape semble sincère et ses manifestations confirment cette impression. Le salut franciscain devenait miroir et promesse d'une heureuse réalité ; les populations italiennes pouvaient espérer un long avenir de paix et de bien.

Alors que n'était pas encore éteint l'écho des grandioses célébrations, les premiers jours de janvier 1221, saint François prit la route de Rome, dans une grande ferveur spirituelle. Il avait terminé la rédaction de la Règle. Tout ce qu'il avait écrit, il le sentait vivre en lui. Il manifestait une joie enfantine à le réciter à

1. Joseph-François Michaud, *Histoire des croisades*, Ponthieu, Paris, 1825, vol. IV, p. 412.

la lettre. La demeure du cardinal Hugolin était vraiment un lieu *franciscain* ; chaque frère devait la considérer comme la sienne propre. Saint François y fut accueilli comme un fils. Il avait sa place à la table du cardinal, qui le voulait toujours à ses côtés.

Le futur Grégoire IX avait une dévotion très pure pour saint François. Non seulement il comprenait l'idéal du *Poverello*, mais il le vénérait et l'exaltait. Loin de vouloir le déformer, il cherchait à lui donner sa plus précise réalisation. Hugolin n'était pas un vulgaire ambitieux. Il cherchait par-dessus tout la grandeur de l'Église qui, dans son esprit, comme dans celui de saint François, se confondait avec la grandeur de Dieu. Personne mieux que lui ne mesurait l'importance de l'apport que le génie du petit frère faisait à l'Église. Il aurait voulu que toute l'Église se transformât à son image.

À cette époque se trouvait à Rome saint Dominique. Le cardinal voyait en lui l'autre colonne qui devait soutenir le temple du Seigneur. Saint Dominique et saint François avaient l'un pour l'autre le plus haut sentiment d'affection et de vénération. Ils se trouvaient ensemble dans la maison du cardinal Hugolin. Le futur pape leur exposa son projet le plus cher : « À la naissance de l'Église, prêtres et prélats étaient des hommes pauvres, animés de charité et non de cupidité. Pourquoi donc n'ordonnerions-nous pas vos frères évêques et prélats, de façon à ce qu'ils soient par leur action et leur exemple des modèles pour tous les autres ? »

Hugolin appartenait à une grande et puissante famille, comte de Segni et grand seigneur féodal. Il avait aussi un grand cœur et une très grande intelligence. Avoir été à la hauteur de deux génies comme saint François et saint Dominique et leur avoir inspiré un sentiment aussi complet de confiance et de dévouement est une preuve irréfutable de sa supériorité. Sa proposition, à nos yeux simple et naturelle, constituait en réalité une véritable révolution dans l'Église de l'époque. C'était l'écroulement de toute une organisation. À l'Église féodale, se substituait l'Église évangélique ; au prélat grand seigneur, le prélat *saint*.

Mais la réforme de l'Église n'était pas seulement une question de hiérarchie. Tout le troupeau catholique y était intéressé et, pour obtenir les meilleurs éléments en haut, il fallait s'occuper, en bas, de la totalité du troupeau. C'était le devoir dévolu aux deux nouveaux ordres. Pour l'accomplir, ils devaient rester en contact permanent avec tout le troupeau. Les deux grands champions du Christ furent d'accord pour refuser énergiquement toute dignité ecclésiastique pour leurs disciples[1]. À ce moment-là ils étaient indubitablement dans la vérité. Leur œuvre s'adaptait à leur époque. Plus tard, comme cela arriva en réalité, les frères auraient pu sans inconvénient accéder aux hautes dignités de l'Église pour faire triompher, de haut en bas, les sublimes vertus enseignées par leurs maîtres[2].

Saint Dominique et saint François se séparèrent pour ne plus se revoir. Le chef des *Chiens du Seigneur* prit peu après la route de Bologne, ville où il se trouva le 6 août suivant; le *Poverello* s'en retourna à la Portioncule, mais n'arriva pas à temps pour assister aux dernières heures de Pierre Cattaneo, mort en son absence le 10 mars de cette année-là, pleuré de tous les frères.

C'était un homme pieux, prudent, très dévoué à saint François, qui avait pour lui une très grande déférence. Prêtre, savant, vicaire, il avait conservé jusqu'à la fin l'humilité et l'obéissance des premiers jours. Parmi les compagnons du saint, il fut le plus

---

1. *II Cel.*, II, 109.

2. Le cardinal Hugolin s'efforça toujours de concilier les élans idéaux du saint avec les préoccupations pratiques des ministres. Il voyait quand le plan de saint François répondait aux nécessités de l'Église et des populations. C'est pourquoi il voulait élargir, rendre plus féconde l'idée franciscaine, faire des frères non seulement l'exemple, mais aussi le guide du troupeau catholique. Il mesurait pleinement le secours de ces religieux, qui offraient au monde le spectacle de la vie la plus pauvre, la plus humble, la plus désintéressée, portant au front la double auréole de la science et de la sainteté. Toutefois, respectueux de la volonté du fondateur, durant son long et glorieux pontificat, il n'éleva aucun frère à la prélature. Émouvante fidélité à l'amitié, en ce qu'elle a de plus haut et de plus pur: l'idéal.

équilibré, le plus sûr des collaborateurs. Son œuvre silencieuse et modeste a contribué efficacement au développement de l'ordre. Il fut enterré dans l'église de la Portioncule, où une pierre rappelle encore aujourd'hui le lieu de son repos.

Frère Élie lui succéda à la direction de l'ordre[1].

La nomination de frère Élie marque une date dans l'histoire de la fondation franciscaine. Partageant l'affection et l'admiration de Pierre Cattaneo pour le saint, il différait fortement de lui par son caractère et son intelligence. Frère Élie était une intelligence supérieure, assez haute pour atteindre souvent les cimes du génie. Il était aussi conscient de sa supériorité. De cette conscience dérivait son mépris du jugement d'autrui : ce que ses ennemis ont appelé « son absolutisme ». *Il savait* être dans le vrai et le bien : toute opinion contraire ne pouvait que l'éloigner du bien et du vrai : il n'admettait donc aucune opinion contraire. Cette attitude, innée en lui, fut encore accrue par la responsabilité du pouvoir. C'est le péché capital qui lui fut par la suite reproché par ses critiques, qui se trompent souvent, même quand ils sont sincères. Un observateur superficiel peut trouver contraire à l'humilité franciscaine cette orgueilleuse confiance en soi ; mais elle l'est seulement en apparence. Pour celui qui porte le poids écrasant du commandement, la vertu se présente sous un aspect différent de celui qu'elle revêt pour le simple élément du troupeau. Dans diverses circonstances, saint François manifestait une sainte violence : il était absolu comme n'osa jamais l'être frère Élie. Du reste tant que vécut le maître, la personnalité dominatrice d'Élie fut toujours contenue par l'autorité du fondateur, d'autant plus

1. Pour ce récit, nous avons puisé amplement dans notre *Saint François d'Assise*, déjà cité. Il faut garder à l'esprit que tant que saint François est en vie, il est le personnage principal. Frère Élie se meut dans sa lumière ; les actions de la vie du maître éclairent la vie du disciple. C'est pourquoi, pour traiter de frère Élie, il faut traiter amplement de saint François. Pour ceux qui ont lu mon ouvrage précédent, la sensation de la présence du saint sera encore plus vive, en trouvant ses paroles mêmes.

haute qu'elle était plus éloignée du pouvoir effectif. L'affection et l'estime inaltérables que saint François, infaillible connaisseur des hommes, eut toujours pour frère Élie sont la preuve irréfutable de la vertu parfaite de ce dernier[1]. Pour la gloire de frère Élie, c'est vraiment un monument plus durable que le bronze. Dans la vie et dans la mort, son amour pour saint François se maintint inaltéré. Selon l'admirable expression du Célanais, « il fut une mère pour le saint fondateur et un père pour tous les frères ».

1. Un document singulier montre la supériorité de frère Élie : la lettre que sainte Agnès a écrite à sainte Claire de Monticelli, datée par Wadding de l'an 1221. Après avoir exprimé le regret passionné de voir la sœur se séparer de ses compagnes de Saint-Damien, et avoir rapporté le joyeux accueil des moniales de Monticelli, sœur Agnès ajoute : « Je vous prie de rappeler à frère Élie qu'il doit me rendre visite le plus tôt possible, en me consolant dans le Seigneur. » Cela dénote non seulement l'ascendant de frère Élie à peine revenu d'Orient, mais aussi son affectueuse sollicitude envers les « Pauvres Dames ». Sainte Agnès, loin de sainte Claire, ne désire aucune autre consolation que la visite de frère Élie, preuve sublime de la pureté absolue de sa vie et la hauteur de son sentiment religieux. Lempp date cette lettre de l'an 1230. Le contexte contredit une date aussi lointaine. Il exprime le regret d'une première séparation et documente une première arrivée. Elle doit avoir été écrite peu après l'arrivée à Monticelli. L'allusion à l'épuisement du désir de la sainte à l'égard de la pauvreté du pape fait allusion au *privilège de la pauvreté* accordé en 1216 à sainte Claire. Sbaraglia (*Bull. Franc.*, t. I, p. 3) date du 9 décembre 1219 une lettre du pape Honorius III avec qui se confirme au monastère de Monticelli le privilège déjà accordé par le cardinal Hugolin, légat pontifical, le 27 juillet précédent, par lettre directe à la mère abbesse *Clara Ubaldina*, de se régler selon la norme du couvent de Saint-Damien : « *Observantias nihilominus regulares, quas luxta Ordinem Dominarum Sanctæ Mariæ Sancti Damiani de Assisio præter generalem vobis voluntarie indixistis, ratas habemus et eas perpetuis temporibus manere decernimus illibatas.* » À ces sœurs fut envoyée sainte Agnès en 1221 pour les instruire dans les normes de vie de Saint-Damien ; et à peine arrivée, elle écrivit l'admirable lettre à sainte Claire dans laquelle est mentionné frère Élie. Lempp fait donc erreur en datant cette lettre de 1230. Après 1221, elle ne quitta plus le nouveau siège, sauf en 1253 pour assister sainte Claire mourante, restant ensuite à Saint-Damien jusqu'à sa mort, survenue quatre-vingt-seize jours après celle de la sœur, le 16 novembre 1253, à l'âge de 56 ans.

Il est certain que l'ordre des Mineurs doit à frère Élie une grande part de son immense développement et de son influence croissante dans la chrétienté. C'est une part que personne ne peut lui enlever.

À peine le généralat pris en charge, frère Élie se consacra intensément à la préparation du chapitre déjà annoncé par Pierre Cattaneo pour la Pentecôte de 1221. Le succès de ce chapitre fut immense, si grand qu'il sera rappelé par tous les écrivains comme une réunion extraordinaire par son autorité, l'affluence de ses assistants qui furent plus de trois mille, et par l'enthousiasme dans lequel il se déroula. Jourdain de Giano, qui y prit part, en a laissé une description vive et pittoresque[1].

Un évêque célébra la messe et saint François officia comme diacre ; il fit son sermon sur le texte : *Benedictus Dominus Deus meus, qui docet manus meas ad proelium* [Béni mon Seigneur qui exerce mes mains au combat] (psaume 143, 1). Qui pourrait retracer, note le chroniqueur, la charité, la patience, l'humilité, l'obéissance et la joie fraternelle des pères ? Et malgré l'énorme affluence, tout le peuple des environs apportait des offrandes avec

1. Beaucoup ont l'habitude d'appeler ce chapitre le *chapitre des Nattes*. Mais il est certain que ce n'est pas le célèbre chapitre cité dans les *Fioretti*, auquel participa saint Dominique, qui allait alors de la Bourgogne à Rome, alors qu'en 1221, saint Dominique est à Rome et va à Bologne pour y mourir peu après. En outre, dans le récit des *Fioretti*, est présent le cardinal Hugolin : mais, en 1221, Hugolin est absent, envoyé par le pape à Brescia et à Vérone, et il est représenté par le cardinal Ranieri Capocci, qui est venu accompagné de quelques évêques et de frères de différents ordres. Jourdain de Giano ne parle pas de nattes, mais de vingt-trois tables bien dressées et largement pourvues. Le *chapitre des Nattes* est précisément le chapitre de Pentecôte de 1219. Il suffit de relire la description des *Fioretti* pour être persuadé qu'il n'a rien de commun avec le chapitre de 1221, en dehors de l'affluence des frères et de leur enthousiasme, qui se retrouvent du reste dans tous les chapitres où fut présent le saint fondateur. Même le père Gratien identifie dans le chapitre de 1219 le *chapitre des Nattes* raconté par les *Fioretti*.

tant de ferveur qu'après sept jours, il y avait encore abondance de provisions pour deux jours de plus.

Le chapitre fut présidé par frère Élie. Saint François, malade, était assis à ses pieds; et quand il voulait faire une suggestion, il le tirait par sa tunique et le ministre se baissait pour l'écouter. Dans ce chapitre, fut présentée la Règle rédigée avec l'aide de Césaire de Spire. Dans son esprit général, et il ne pouvait en être autrement, la Règle recueillit l'assentiment de l'assemblée. Des objections furent faites à certains détails, comme à l'interdiction des livres, à l'interdiction d'emporter quoi que ce soit en voyage. Dans le projet de saint François, il n'existait aucune détermination concernant l'unique organe que l'ordre possédait pour sa direction: les chapitres généraux; et cependant, les ministres demandèrent d'ajouter à la Règle une prescription sur les assemblées des frères. Saint François y adhéra et fut ainsi ajouté le chapitre XVIII, selon lequel « tous les ministres qui sont dans les contrées au-delà de la mer et des montagnes, une fois tous les trois ans, et tous les autres ministres une fois par an, devaient se réunir pour le chapitre de Pentecôte dans l'Église de Sainte-Marie de la Portioncule, sous peine de ne pas être ordonnés par le ministre et serviteur de toute la confrérie ». En outre, étant donné la multitude des hérésies, on déclara opportun d'affirmer explicitement l'orthodoxie des frères; fut donc ajouté le chapitre XIX: « Que tous les frères soient catholiques, vivent et parlent catholiquement. Si l'un d'eux, par sa parole et ses actions, s'éloigne de la foi et de la vie catholique et, réprimandé, ne s'amende pas, qu'il soit exclu tout à fait de l'ordre. »

Dans ce chapitre fut lu pour la première fois le récit du martyre de cinq frères de la mission marocaine, advenu le 20 janvier 1220. Au terme de la lecture, saint François, le cœur gonflé d'émotion, s'exclama: « Maintenant je peux dire que j'ai cinq vrais frères! » Mais comme une telle lecture était source d'orgueil pour beaucoup, il interdit de la continuer en disant: « Chacun doit se vanter de sa propre croix, et non du martyre des autres. » Paroles bien dignes de saint François et représentatives de son caractère.

À la fin du chapitre, au moment où les frères allaient se séparer, saint François, se rappelant que l'ordre n'avait encore aucun siège en Allemagne, tira frère Élie par sa tunique. Élie se pencha, écouta le saint, puis se retourna vers les frères en disant :

> Frères, le frère [c'est ainsi qu'on appelait François] dit qu'il y a un pays qui a nom Allemagne, où demeurent de très dévots chrétiens lesquels, vous le savez, passent souvent par ces rues, avec de longs manteaux et de grandes besaces en poil de chèvre. Chantant les louanges du Seigneur et des saints, ils se rendent baignés de sueur et brûlés par le soleil à la tombe des Apôtres. Certains de nos frères qui leur furent envoyés ont été maltraités et ont dû s'en retourner. Le frère ne veut obliger personne à se rendre auprès d'eux, mais si le zèle de Dieu et des âmes inspire à l'un de vous le désir de le faire, le frère l'accorde tout aussi volontiers qu'à ceux qui se rendent outre-mer. S'il y en a donc parmi vous qui veulent aller en pays d'Allemagne, qu'ils se lèvent et viennent de ce côté.

Quatre-vingt-dix frères s'offrirent aussitôt dans l'espoir de recevoir le martyre, tant était encore vivant le souvenir de ce que Jourdain de Giano appelle la *férocité teutonique*.

Le récit de l'ancien chroniqueur est vif et pittoresque au plus haut degré, et nous montre à quoi ressemble l'esprit de ordre en ce temps-là, fait d'ingénuité, de vive ferveur et de joie fraternelle. L'autorité de frère Élie y apparaît prépondérante, mais en même temps paternelle et bienveillante[1]. Sa sagesse fut louée en tout temps par ses amis et adversaires.

---

1. « Je te recommande, frère, par la sainte obéissance, de décider finalement si tu veux t'en aller ou rester » (Jourdain de Giano, *Chronique*, 18). Si la tyrannie de *l'impitoyable général*, comme l'appelle sottement Lempp, ne lui ordonne rien d'autre que de faire ce qui lui convient, il faut reconnaître

L'organisation des missions était un des soucis principaux du ministre général. Frère Élie désigna comme chef de la mission en Germanie Césaire de Spire, lequel prit avec lui vingt-quatre frères, douze clercs et douze laïcs et, avec eux, traversa la Lombardie et le Trentin pour aller en Germanie. Mais cette fois les choses allèrent bien différemment de 1217. Il y avait prévoyance et préparation. La plupart des frères connaissaient la langue du pays et étaient munis de recommandations papales. Quand, dix-huit mois plus tard, Césaire retourna en Italie mû par la passion de revoir le saint, les cités de Würtzburg, Mayence, Worms, Spire, Strasbourg, Cologne, et Ratisbonne étaient devenues d'actifs centres franciscains, d'où l'influence de l'ordre irradiait vers toutes les terres allemandes[1].

Le chapitre terminé et tous les frères éparpillés dans les diverses provinces italiennes et les missions extérieures, il en demeurait un que personne ne connaissait et de qui personne ne semblait s'occuper. Il était venu au chapitre avec les frères de Messine, parmi lesquels du reste bien peu savaient quoi que ce soit de lui. C'était un Portugais entré depuis peu dans l'ordre et son nom était Antoine. Ce frère inconnu aborda frère Gratien, provincial de Romagne, et lui demanda la permission de le rejoindre. « Es-tu prêtre ? » demanda Gratien. Et à la réponse affirmative du frère, il demanda à Élie la permission de l'emmener avec lui, parce qu'à ce moment-là, les frères étaient éparpillés dans l'ordre. Antoine accompagna donc son nouveau supérieur en Romagne,

---

qu'elle n'était pas très dure à supporter. En fait, pendant les vingt années suivantes, personne ne se plaignit. D'autres occasions se présentèrent où nous voyons agir Élie en père aimant et attentif au bien des frères.

1. Il est instructif de comparer les deux missions de 1217 et de 1221 en Allemagne. La confession de saint François d'être désormais inadapté à la direction de l'ordre semble justifiée. Tandis que l'enthousiasme et la foi peuvent suffire pour une petite patrouille, pour une grande armée, il faut prévoyance et organisation. Tel fut le rôle de frère Élie. Le fait d'avoir réussi là où le saint n'avait pas réussi montre que ce rôle n'est ni petit ni facile.

où il se retira dans l'ermitage de Monte-Paolo. Puis il abandonna la vie solitaire de prière et de pénitence qui était celle de cet ermitage pour devenir ce grand prédicateur populaire que l'Église a canonisé sous le nom de *saint Antoine de Padoue*.

Le chapitre de 1221 a une importance exceptionnelle dans l'histoire de l'ordre franciscain[1]. C'est là que furent jetées les bases de sa législation définitive[2]. Auprès de l'autorité prépondérante

1. Le récit de ce chapitre, le premier présidé par frère Élie, nous donne une idée des multiples et graves responsabilités qui pesaient sur le ministre général. Le chapitre dura neuf jours et ce furent des jours pleins d'intense activité. Surtout la *partie religieuse*: les prières, les laudes, les hymnes en commun. Il ne faut pas oublier que le frère sert Dieu avant tout. Le service de Dieu devait donc être prépondérant. En cela frère Élie était serviteur à l'égal de tous les autres frères, suivant l'exemple du fondateur. Puis la *partie commémorative*: le souvenir des frères tombés pour la gloire de l'ordre, l'exaltation de leurs vertus, exemple et norme pour tous. Puis la *partie législative*: la discussion de la Règle, la définition des préceptes qui devront reégler la vie des frères. Enfin la *partie politique*: les missions extérieures, la répartition des frères dans les différentes provinces, la nomination des ministres. En dernier, suprême nécessité, la *partie administrative*: les problèmes matériels, le vivre et le couvert, l'accueil adapté des dignitaires de l'Église et de la mairie, le maintien de l'ordre dans une si grande multitude. Quand on pense au nombre des frères, à la complexité de leurs fonctions, à leurs multiples rapports, aux nécessités de toute sorte qui leur sont inhérentes, on peut imaginer quels immenses dons de caractère et d'esprit ont été nécessaires pour relever de si grands et si importants défis. De l'avis unanime de tous les historiens, frère Élie les releva tous de façon exemplaire, ce qui donne une idée de la mesure de son génie.
2. La *Règle* de 1221 se compose de vingt-trois chapitres, qui sont plutôt des rappels et des exhortations que des préceptes. Saint François y fait figure non pas de législateur, mais de chef qui ordonne et commande, mais de père qui se confie avec ses fils et leur communique ses sentiments, ses aspirations à une vie parfaite, conforme à la vie de Jésus en croix. Le dernier chapitre est une prière ardente, une louange, un cantique dans lequel vibre toute l'âme du patriarche séraphique avec tout son enthousiasme, sa ferveur et sa passion pour la gloire de Dieu et du Christ. Toutes les caractéristiques du mouvement franciscain sont exprimées au plus haut degré dans cette règle, à laquelle manquent les qualités spécifiques d'une véritable règle: la clarté, la concision, la coordination.

du fondateur commence à s'affirmer l'autorité de frère Élie. Saint François le premier donna l'exemple de l'obéissance et du respect. Il s'assit aux pieds du ministre. Le tact, l'habileté, la sûreté avec lesquelles frère Élie dirigea l'assemblée accrurent l'estime et la confiance de la curie romaine. Il apparut comme un sincère allié de la papauté dans sa volonté d'un ordre fidèlement soumis à l'Église. Mais c'était aussi le désir le plus vif du fondateur. Saint François était un parfait religieux, frère Élie était aussi un parfait politique. Il allait faire de l'ordre des Frères mineurs une des grandes puissances de la chrétienté.

Pour obtenir un résultat aussi imposant, il fallait une discipline rigide parmi les frères. La libre chevalerie franciscaine s'était transformée en une armée nombreuse; il n'était pas possible de garder son ancienne formation. Les nouveaux règlements dont frère Élie et le cardinal Hugolin furent les principaux conseillers adaptèrent l'idéal franciscain au développement et aux buts de la fondation: ils ne furent pas une trahison, mais vraiment une *réalisation*[1].

Les années 1221-1223 sont par excellence la période législative de la fondation franciscaine. Elles virent fixer tous les statuts qui régleraient le développement de l'ordre dans toutes ses branches: le *Premier ordre*, les *Pauvres Dames*, le *Tiers-ordre*. Sans aucun doute, l'inspiration de ces statuts est tout entière de saint François; mais la rédaction porte l'empreinte évidente de l'esprit d'organisation de frère Élie, en parfait accord avec le cardinal Hugolin. Ils visent à la conquête du règne céleste; mais en même temps ils visent à assujettir à l'Église tous les pouvoirs terrestres. Pour la famille franciscaine comme pour l'Église, cette sujétion serait la force qui assurerait la victoire contre tous les obstacles

1. Bernard de Besse, *De Laudibus*, chap. VII: « Dans la rédaction de la Règle de l'ordre le pape Grégoire, qui était en mission privée, envoyé à saint François par une intime amitié, suppléait avec amour à ce qui manquait au saint en fait de science législative. » Ce que le même pape affirmera dans la bulle *Quo elongati* du 28 septembre 1230.

et tous les ennemis. Le *Tiers-ordre* franciscain fut l'arme la plus terrible qu'eut en main la papauté. Il est bon de rappeler que cette arme fut forgée en grande partie par frère Élie. Mieux que les documents, en sont témoins les faits et les dates.

La Règle du *Tiers-ordre* ou *Confrérie de la Pénitence* porte la date de 1228; mais on pense qu'elle a été rédigée en 1221 pour ses lignes essentielles dans le cadre de l'activité législative de frère Élie. Relevons cette caractéristique spécifique des premières années du gouvernement de frère Élie: la consolidation de la fondation franciscaine. Tout ce qui était indécis, nébuleux, à l'état d'idée ou de sentiment prend forme et contours nets; les matériaux épars sont regroupés et cimentés pour former la grande cathédrale franciscaine.

Dans la fondation du Tiers-ordre se dessinent les trois phases par lesquelles l'idée est passée pour se traduire en acte: saint François, frère Élie, Hugolin. D'abord, l'idée pure, les préceptes spirituels parallèles à ceux qui guident la vie des frères: accomplir joyeusement les devoirs de leur état, donner à tous leurs actes une sainte inspiration; être fidèles à Dieu; se conserver purs de toute pensée avilissante; user de leurs propres biens comme s'ils ne les possédaient pas; détruire dans leurs cœurs la cupidité, la violence et la haine; être frères des pauvres, des abandonnés, des malades; *vivre dans le monde sans appartenir au monde.* Tels sont les principes essentiels du Tiers-ordre.

Voyons maintenant comment ils se concrétisent dans la pratique et le rôle de frère Élie. À peine entrés dans la confrérie, les frères doivent se dépouiller de leurs propres biens par testament: dorénavant ils seront des «pauvres en esprit», qui administrent les biens du Seigneur. Avec une singulière incompréhension, les commentateurs ont attribué cet acte au désir d'éviter les procès entre héritiers, souvent alors source de haine et de délits. Il s'agit en réalité d'un vrai renoncement, peu différent de celui des frères: la confirmation d'être *morts au monde.* Et comme morts au monde, ils doivent aussi se détacher de toutes les chaînes qui les lient au monde, y compris les liens féodaux du vassal envers son seigneur. L'interdiction de prêter serment et de porter les armes ne signifie rien d'autre. Au moment le plus épique de la féodalité, dans la ferveur la plus haute des croisades, c'est le coup mortel infligé à la féodalité, qui reposait essentiellement sur le serment du vassal de prendre les armes pour son seigneur chaque fois qu'il le demanderait.

L'hostilité contre le Tiers-ordre fut immédiate et violente de la part des seigneurs féodaux, du plus humble jusqu'au trône impérial. La féodalité se sentit d'un seul coup vidée de sa force : toutes les classes moyennes à travers le Tiers-ordre s'étaient soustraites à sa juridiction. Le premier conflit se manifesta à Faenza, de nombreux citoyens ayant refusé de prêter au maire l'habituel serment de fidélité et d'obéissance, en alléguant l'interdiction imposée par la Règle de prêter serment et de porter les armes. Pauvre et désarmée, la confrérie n'avait pas la force de résister seule ; elle se retourna donc vers sa protectrice naturelle : l'Église. Le cardinal Hugolin, qui se trouvait alors à Bologne, intervint avec son habituelle énergie et Honorius III, par un bref du 16 décembre 1221, enjoignit à l'évêque de Rimini de prendre sous sa protection « les frères pénitents » de Faenza. La victoire était complète.

À partir de ce moment, le Tiers-ordre se propagea en Italie avec une rapidité foudroyante, dans toutes les couches de la population[1]. Le mouvement franciscain devenait un mouvement social éclair. Son triomphe a marqué le début des temps modernes.

1. Un document privé de l'époque, attribué à tort à Pier delle Vigne, mais plus probablement dû à quelque prêtre séculier, en atteste l'extraordinaire développement : « Les Franciscains et les Dominicains, non contents de s'attribuer l'administration des sacrements de la pénitence, du baptême et de l'extrême onction aux malades et la sépulture dans leurs cimetières, pour détruire complètement tout notre droit et pour nous enlever la dévotion des fidèles, ont créé deux nouvelles confréries et y ont accueilli hommes et femmes en tel nombre qu'il est difficile désormais de trouver une personne dont le nom ne soit inscrit dans l'une ou dans l'autre. »

À partir de ce moment, frère Élie assume le premier rôle dans le développement de l'ordre. Saint François reste toujours le modèle et l'exemple; mais la direction et l'organisation sont principalement l'œuvre de frère Élie: œuvre grandiose, éclairée au début par la splendeur incomparable des dernières années du saint ; œuvre méritoire qui, à travers d'innombrables difficultés humaines et liées à l'époque, a assuré le triomphe de l'idéal franciscain dans le monde.

Il est certes douloureux que se soient formées dans l'ordre deux tendances acharnées l'une contre l'autre: la tendance des érudits, des *relâchés* comme ils furent appelés avec mépris par leurs adversaires, réunis autour de frère Élie; et la tendance des simples, des rigoristes, serrée autour de frère Léon. Mais ce contraste, qui eut son origine du vivant de saint François, ne prit une forme violente que des années après la mort du saint. Il faut pourtant noter cette singulière contradiction: en pensée et en actes, frère Élie reflète la tendance rigoriste; et, fait capital, son accord avec le saint fut toujours sincère et parfait, et ne fut jamais troublé d'aucun nuage. Il faut encore ajouter que l'Église, juge suprême, fut constamment aux côtés de frère Élie et seconda ses initiatives. Il faut donc affirmer que jusqu'ici frère Élie fut *parfait chrétien et parfait franciscain*[1].

Ses torts, qui ne se trouvent pas dans l'Histoire, sont figurés seulement dans la légende, avec des couleurs incroyables.

1. Saint François apportait le plus grand soin à la formation de ses disciples. Il étudiait attentivement leur caractère et en surveillait continuellement les impulsions, ne tolérant chez eux aucune négligence (*I Cel.*, 42, 51). Ce contrôle rigoureux le mettait à même de connaître avec une précision miraculeuse le tempérament de ses suivants. Là où la foule voyait une sainteté certaine, il discernait l'hypocrisie ou prévoyait l'inconstance (*II Cel.*, 28, 29). Si le saint montra une parfaite confiance en frère Élie, cela est signe que tout dans sa vie et dans son caractère était saint et exemplaire. Les bruits ultérieurs de frictions, de dissensions et de manifestations du saint contre son ministre, plus que des ragots infondés, sont ridicules. L'histoire impartiale en a fait justice depuis longtemps.

Le *Miroir de Perfection* parle d'une certaine Règle que frère Élie aurait fait disparaître et que saint François par divine inspiration refit textuellement à la confusion de son vicaire. Saint Bonaventure y fait une brève allusion (*Leg. Maj.* IV, II). Le fait est invraisemblable. La seconde Règle est une répétition trop fidèle de la première pour qu'entre les deux, il y eût place pour une autre. Le *Miroir*, écrit polémique contre le parti modéré, est attribué à frère Léon, mais, sur de nombreux points, il est certainement étranger à ce doux compagnon. Plus que l'objectivité du témoin, on y décèle la passion de l'homme de parti. Dès le premier chapitre apparaît le souci d'opposer frère Élie à saint François. Il n'a aucun rapport avec la réalité.

Dans la légende de l'ordre qui se réfère à cette époque, le sanctuaire de Fonte Colombo fait figure de Sinaï franciscain. Le saint s'y était retiré, avec frère Léon et frère Bonizio de Bologne, pour y composer, dans la prière et le jeûne, la forme définitive de la Règle. Saint François était dans une caverne à flanc de montagne, à un jet de pierre des autres. Tout ce que le Seigneur lui révélait au cours de sa méditation, il le leur communiquait. Frère Bonizio dictait et frère Léon écrivait.

La légende se colore alors de teintes merveilleuses. Les ministres, rassemblés autour de frère Élie, exprimèrent le doute de leur esprit: «Nous avons appris que frère Élie donne une nouvelle Règle. Nous voulons donc qu'on lui fasse savoir que nous ne voulons pas être tenus à une telle Règle, et qu'il la fasse pour lui et non pour nous.»

Élie se refusa à jouer ce rôle tout seul et ils s'y rendirent donc tous ensemble. Quand ils furent près de l'ermitage, frère Élie cria: «Loué soit le Seigneur!» Aussitôt saint François sortit de la grotte et voyant les ministres dit: «Que demandent ces frères?»

Frère Élie répondit: «Ce sont des ministres qui, ayant entendu que tu fais une nouvelle Règle et ayant peur que tu la fasses trop dure, protestent en disant qu'ils ne veulent pas y être tenus et que tu l'auras faite pour toi et non pour eux.»

Alors saint François tournant sa face vers le ciel, dit à haute voix: « Seigneur, ne te l'ai-je pas dit que ceux-là ne m'auraient pas cru ? » Et aussitôt ils entendirent tous dans l'air la voix du Christ qui répondait: « François il n'y a rien de toi dans la Règle, mais tout est de moi. Je veux qu'elle soit observée à la lettre, à la lettre et sans commentaire. Que ceux qui ne le voudront pas sortent de l'ordre. »

Alors saint François se tourna vers les frères en disant: « Vous avez entendu? Vous avez entendu? Vous voulez que je vous le fasse répéter de nouveau ? » Mais les ministres, tout confus et confessant leur faute, se retirèrent[1].

Cette légende est absurde, non seulement par le rôle invraisemblable qu'y jouent les ministres, mais par le fait que la nouvelle Règle ne diffère pas de l'ancienne. Ni Thomas de Celano, ni saint Bonaventure n'y font allusion[2]. Saint François n'eut jamais l'intransigeance, qui fut plus tard la faute de ses successeurs plus ardents:

1. *Miroir de Perfection*, chap. XI; Ubertin de Casale, *Arbor Vitæ Crucifixæ*, lib. V, chap. 5; Ange Clareno, *Expositio Regulæ F. M.*, p. 9. Ce sont tous des polémistes du parti contraire à frère Élie. Ils sont souvent, comme dans ce cas, hors de la réalité historique.

2. Le père Irénée Affò écrit avec beaucoup de bon sens: « De pareilles simplifications sont répétées même par Wadding, sans considérer si elles peuvent être maintenues au regard de la raison. Mais elles remontent aux origines de tels récits et, ne les voyant pas dans les œuvres des écrivains contemporains, nous prenons celles des suivants et commençons à voir le même fait décrit pour la première fois par le frère Ubertin da Casale (*Arbor Vitæ Crucifixæ*, lib. V, chap. 5), lequel, pour le faire croire, affirme qu'avant tous les autres en a laissé le récit l'un des premiers compagnons de saint François, dans certains rouleaux déposés alors dans le couvent de sainte Claire. Il avoue toutefois n'avoir pas pu les voir, et pour enlever toute curiosité de les chercher, il ajoute: *cum multo dolore audivi illos rotulos fuisse destructos*. Il est ainsi permis à chacun d'inventer des documents et de tromper la foi des lecteurs. Mais il est bon pour nous que les écrits de frère Léon et de ses compagnons sur la vie de saint François n'aient pas disparu et que leur *Légende* ait été publiée par des bollandistes sans y trouver le moindre mot de ces événements imaginaires » (*Vita di frate Elia*, *op. cit.*, p. 31 et 32). Le père Gratien si équilibré et si impartial, n'hésite pas non plus à déclarer cette légende invraisemblable.

sévère pour lui-même, indulgent pour les autres, tel fut le trait constant de toute sa vie, reflété fidèlement par la Règle définitive:

> Que tous les frères aient des vêtements pauvres et grossiers, et quand il le faut les raccommodent avec des sacs et autres haillons, dans la grâce du Seigneur. Mais autant que possible je les avertis et les exhorte à ne pas dédaigner ni juger ceux qui, habillés de riches et souples vêtements, recherchent nourritures et boissons délicates; que chacun plutôt se juge et se méprise lui-même[1].

Sabatier, suivi par tous les biographes modernes, définit la Règle approuvée par Honorius III comme «un compromis»; le doux Joergensen déplore et reste abasourdi de voir le peu qui est resté de ce qu'aurait voulu saint François[2]. Il y a de quoi

1. *Regula II*, chap. II.
2. Jean Joergensen, *Vie de saint François*, chap. XIII. La Règle de 1223 ne tombe pas toute faite du ciel. Elle est le résultat de la collaboration de saint François, des ministres et du cardinal Hugolin. Dans ses douze articles est perfectionnée l'organisation de l'ordre. Elle détermine que l'élection du ministre général revient aux provinciaux et aux custodes réunis en chapitre général, le général est élu à vie, mais peut être déposé en cas d'insuffisance. Le chapitre général est convoqué tous les trois ans, et même à terme plus long ou plus court au gré du général; non plus nécessairement à la Portioncule (chap. VIII). Les laïcs peuvent être élus aux charges de l'ordre comme les clercs (chap. VII). Mais la pauvreté est rendue plus sévère, avec l'interdiction de recevoir de l'argent même pour les besoins des malades (chap. IV), ce qui était accordé dans la première Règle (chap. VIII). Le prêche reste réservé au domaine pratique et moral qui lui a été assigné par Innocent III et soumis à l'autorisation de l'évêque. Pourtant, tandis que dans la première Règle le choix des prédicateurs est confié aux ministres provinciaux, dans la seconde elle passe au général après examen spécial. Aussi bien la première que la seconde Règle ne contiennent aucune prescription concernant les études. Mais y est précisée l'interdiction d'entrer dans les couvents de moniales et l'obligation d'avoir toujours un cardinal comme protecteur, correcteur et gouverneur de la confrérie (chap. XII). Toutefois, comme l'a sagement noté le père Gratien (*Histoire de la fondation et de l'évolution de l'ordre des Frères mineurs au XIIIe siècle*, *op. cit.*, p. 105), entre

tomber des nues! Il suffit de confronter attentivement les deux Règles: *elles sont identiques*! Mais la première n'est pas à proprement parler une règle. Une règle est un code précis, avec des préceptes bien définis, nettement encadrés. Le texte de 1221 est plutôt une masse incandescente et informe; c'est l'expression renouvelée d'un amour qui se donne sans repos et sans mesure; elle contient tout le cœur de saint François, avec tous ses élans et toute sa compassion; pour reprendre une expression de saint Bonaventure, il exprime un état d'« ivresse spirituelle ». La Règle de 1223 comporte encore tout cela, mais consolidé: elle est à proprement parler *une mise en forme*. Dans la brièveté et la concision des articles, l'idéal franciscain est condensé avec une admirable et fidèle simplicité.

Un document d'une incontestable authenticité nous permet de juger par nous-mêmes des différentes phases par lesquelles la volonté du saint fondateur trouve son expression définitive. Les pères de Quaracchi ont publié la lettre que saint François a écrite à un certain ministre, *ad quemdam Ministrum*, qui lui demandait comment il devait se comporter pour inciter ses frères à l'obéissance et à la discipline[1]. Nous en donnons une traduction tout à fait fidèle:

---

les deux Règles de 1221 et 1223, on ne peut dire qu'existent des différences essentielles.

1. Le père Jérôme Golubovich, dans *Biblioteca bio-bibliografica*, *op. cit.*, p. 123s, soutient avec subtilité qu'une telle lettre fut adressée à Pierre Cattaneo. Sabatier, repris par Joergensen, veut qu'elle se réfère à frère Élie. Lempp confirme cette opinion avec des déductions arbitraires, voyant dans le texte des reproches voilés à frère Élie que le saint n'eut jamais à l'esprit de faire: « Si François cherche avec tant d'insistance à mettre au cœur d'Élie la charité qui supporte tout, que rien ne lasse ni ne rebute, qui ne demande rien en se donnant, c'est bien parce qu'il semblait que c'étaient là les conseils dont Élie avait le plus besoin. » C'est pure rhétorique et mauvaise rhétorique. Le contexte indique clairement qu'il s'agit d'un ministre provincial, quelque bon frère plein de timidité et de scrupules, qui ne veut pas invectiver contre ses compagnons, mais en même temps ne veut pas manquer à ses devoirs

Frère ministre, Dieu te bénisse! Je vais te dire de mon mieux ce qui intéresse ton âme: tu dois considérer comme une grâce le fait de rencontrer de nombreux obstacles à l'amour divin et que les frères ou les autres hommes soient contre toi, même s'ils te frappent. Tu dois désirer qu'il en soit ainsi et pas autrement. En cela consiste la vraie obéissance. Et il faut que tu aimes ceux qui te sont contraires et que tu ne désires d'eux que ce que le Seigneur veut te donner, et tu devras montrer ton amour pour eux en ce monde, c'est-à-dire ne pas leur demander d'être meilleurs chrétiens. Et cela te vaudra plus que beaucoup de mérites[1].

Et en cela je connaîtrai si tu aimes le Seigneur et moi, son serviteur; je saurai si tu feras en sorte qu'il n'y ait aucun frère au monde, aussi pécheur que possible, qui, après t'avoir vu, te quitte sans avoir obtenu miséricorde s'il a demandé miséricorde; et si par hasard il ne l'a pas demandée, tu dois lui demander s'il veut la miséricorde. Et même s'il devait comparaître mille fois devant ses yeux

---

de chef. L'allusion au prochain chapitre de Pentecôte, « où tu seras avec tes frères », exclut qu'il s'agisse du ministre général, que ce soit frère Élie ou Pierre. Le contexte convient à l'âme timide et scrupuleuse de Pierre, mais non à la date de 1221, soutenue par Golubovich. Le chapitre auquel se réfère la lettre ne peut être que celui de 1223. En 1221 fut discuté le texte que justement la lettre entend corriger. Le fait que certains manuscrits portent la mention: « Ministre général » n'est pas décisif. Le plus grand nombre porte la mention: *Fratri N. Ministro*. Mais plus que le nombre vaut l'interprétation spontanée du texte qui indique que la lettre fut écrite de toute évidence à un ministre provincial quelconque, peu avant 1223.

1. Ce passage a donné lieu à différentes interprétations, certains manuscrits ayant supprimé cette négation si significative, trait franciscain par excellence. Le Fondateur met la vertu de la discrétion au-dessus de tout autre mérite: « Ne pas tourmenter tes frères, ne pas leur demander plus que ce que le Seigneur veut te donner, contents qu'ils soient bons chrétiens sans attendre d'eux une vertu au-dessus de leurs forces. » Seul un saint et entre tous les saints, seul François pouvait employer sans scandale une phrase aussi extraordinaire!

dans le péché, tu dois l'aimer plus que tu ne m'aimes pour pouvoir attirer son cœur à Dieu; et tu devras toujours user de miséricorde envers de tels frères. Et enseigne cela aux gardiens, quand s'en présente l'occasion, et sois toi-même ferme dans cette façon d'agir.

Et de tous les chapitres qui sont dans la Règle, et traitent des péchés mortels, avec l'aide de Dieu et la collaboration de nos frères au prochain chapitre de Pentecôte nous ferons un article ainsi conçu: Si un frère, par tentation du démon, venait à tomber en état de péché mortel, il est tenu par obéissance à recourir à son custode. Et tous les frères qui ont connaissance de son péché ne doivent pas le réprimander ni l'humilier, mais au contraire doivent lui montrer grande compassion et sont obligés de tenir très secrets les péchés de leur frère, parce que ce ne sont pas les hommes sains qui ont besoin de médecin, mais les malades. De même les frères sont tenus par obéissance à envoyer le frère pécheur chez le custode, avec un de ses compagnons. Et le custode doit l'aider avec la plus grande pitié, comme il voudrait être aidé lui-même s'il se trouvait en pareil cas. Et quand un frère tombe en état de péché véniel, il doit le confesser à un des frères qui soit prêtre, et si aucun prêtre n'est présent, il doit le confesser à son frère le plus proche, jusqu'à ce qu'il ait trouvé un prêtre qui lui donne l'absolution régulière; et ce dernier n'aura pas pouvoir d'infliger d'autre pénitence que celle-ci: Va et ne pèche plus!

Et pour que tu puisses mieux te conformer à cette lettre, je veux que tu la conserves auprès de toi jusqu'au chapitre de Pentecôte, où tu seras avec tes frères; et là avec l'aide de Dieu, nous nous efforcerons de combler les lacunes de la Règle.

Cette lettre a une importance singulière, parce qu'elle nous montre les pas franchis par l'idée franciscaine de l'état, pour ainsi dire informel, de la première Règle à la consolidation de la Règle définitive. Les idées exprimées dans cette lettre se trouvent déjà toutes dans la Première Règle, disséminées dans les articles V, XIII et XX, mais le texte est maintenant plus concis, plus harmonieux, mieux lié. Dans la Deuxième Règle il prend sa forme parfaite :

> Si un frère, tenté par le démon, tombe en état de péché mortel, et que son péché est de ceux pour lesquels seul le ministre provincial peut trancher, il est tenu de se tourner aussitôt vers le ministre provincial. Et si le ministre est prêtre, il doit imposer au frère, avec miséricorde, une pénitence ; et s'il n'est pas prêtre, il doit laisser imposer une pénitence par un autre prêtre de l'ordre, comme cela lui semblera le plus adapté dans le Seigneur. Et les ministres devront se garder de se montrer irrités ou indignés des péchés d'autrui, parce que la colère et le dédain sont pour soi et pour les autres des obstacles à la charité chrétienne.

Cet article VII, uni à l'article X de la Deuxième Règle, précise avec une clarté admirable le sentiment de saint François. Il nous montre comment s'est déroulée la collaboration de frère Élie et du cardinal Hugolin. Elle tend à une détermination toujours plus précise de l'idéal du saint, à sa plus complète *réalisation.* Le mérite d'un code est de condenser en peu de mots toute la force d'un précepte. Une règle n'est pas différente d'un code de vie religieuse. La Deuxième Règle franciscaine pour ce verset est un modèle. Elle reflète avec une évidence lumineuse l'idéal de vie de l'ordre. Entre ses lignes, il y a place pour tout l'héroïsme et toute la sainteté[1].

1. Joergensen donne des preuves d'incompréhension et de légèreté quand il écrit que « saint François dut se convaincre que sa pensée serait modifiée de façon à être méconnaissable ». C'est pure imagination ; pire encore, mauvaise rhétorique. Parler à propos de la Deuxième Règle et de saint François de « cœur transpercé par un couteau, d'homme blessé à mort, d'échec de toute une vie » est vraiment vouloir dénaturer la réalité. De toute cette

Cette Règle fut approuvée au chapitre de Pentecôte de 1223. Sur les événements de ce chapitre, qui fut le dernier en présence de saint François, on a peu de détails. Fut aussi approuvée la répartition de l'ordre en douze provinces ; à la tête de chacune fut placé un *ministre provincial*, c'est-à-dire *serviteur de la province* : le mot prieur déplaisait à saint François. Chaque province à son tour fut divisée en *districts* ou *custodies*, sous l'autorité d'un *custode* ou *gardien*. Et un titre analogue, *gardien*, était donné au chef de chaque lieu ou couvent. Finalement à la tête de l'ordre entier fut placé le *ministre général et serviteur de tout l'ordre*[1].

La liberté des premiers jours devenait ainsi toujours plus contenue dans les mailles rigides de l'organisation, fruit de l'esprit infatigable de frère Élie, en identité de vue avec le cardinal Hugolin. À la simple, suave égalité du début, fait place la discipline et la hiérarchie. C'est la loi de toute croissance. Pour l'ordre ce n'est pas une décadence, mais une façon d'affirmer sa vitalité.

Le chapitre terminé, saint François prit le chemin de Rome pour solliciter du pontife l'approbation de la Règle. Ange Clareno rapporte qu'à Rome, la Règle subit une dernière retouche destinée à mieux assurer le caractère unitaire de la rédaction. Elle fut jointe ainsi au texte définitif, réparti en dix articles – le nombre sacré des apôtres – qui fut inclus dans la bulle *Solet annuere* du 29 novembre 1223, avec laquelle Honorius III confirmait officiellement la Règle. Ce texte est celui qui encore aujourd'hui régule les différents rameaux de l'ordre franciscain.

œuvre grandiose de consolidation, Lempp ne voit que quelques détails insignifiants dans la masse imposante de l'ensemble. Sa critique est vétilleuse et mesquine, fondée sur des interprétations erronées ou des suppositions inconsistantes données pour des affirmations précises. Golubovich dénie à son œuvre toute autorité.

1. Très tôt ce titre fut abrégé, et le chef de l'ordre devint simplement le *général*, tandis que les ministres provinciaux devenaient les *ministres*.

À partir de ce moment, saint François nourrit un zèle ardent pour la commune profession de la Règle. Il la définissait ainsi à ses frères : « livre de la vie, espoir de salut, moelle de l'Évangile, voie de la perfection, clef du paradis, pacte d'éternelle alliance ». Il la voulait connue de tous, méditée par tous[1]. Il n'eut jamais de doute sur la perfection de la Règle ni sur sa conformité à son idéal ; et si, dans ses derniers jours, son esprit fut contrarié, ce n'est pas que la Règle lui semblât incomplète, mais parce qu'elle n'était pas fidèlement observée de tous.

L'approbation de la Règle par le pontife signe la consolidation de la fondation franciscaine. L'ordre possède désormais son code, son organisation, sa hiérarchie, le ministre général a tout le pouvoir et toute la responsabilité. Frère Élie domine la masse enthousiaste des frères de son esprit si vaste et de sa superbe volonté.

Libéré du soin terrestre de l'ordre[2], saint François va concentrer toutes ses forces dans l'ascèse intérieure de l'esprit, et désormais, nous le verrons s'élever de sommet en sommet jusqu'aux sublimes hauteurs où l'homme se réunit à Dieu.

La fondation franciscaine est un fait terrestre ; mais c'est aussi un fait d'ordre divin, réglé par la Providence. Au bon moment apparaissent les hommes qui conviennent. Frère Élie a été un homme nécessaire à l'ordre. Il a permis à saint François de vivre à fond son idéal, en se détachant de la terre. La confiance placée en lui par le saint se confirme et s'accroît chaque jour. Avec satisfaction et chagrin, saint François voit frère Élie obtenir ce qui ne lui aurait pas été possible : la discipline et la paix entre les frères. Son poing ferme tient le gouvernail de l'ordre avec une sagacité et une constance inébranlables. La milice franciscaine, soutenue avec ferveur par l'Église, se multiplie avec une

1. *II Cel.*, II, 158.

2. Saint François mourant remerciera frère Élie de lui avoir enlevé ce poids (père Giuseppe Abate, *La Leggenda napolitana di San Francesco*, Casa Éditrice Francescana, Assise, 1930, p. 33s.)

rapidité prodigieuse. Avec le nombre croît la puissance et avec la puissance le désir de s'affirmer. C'est la loi même de la vie qui se manifeste dans l'ordre.

Le chapitre de Pentecôte de 1224 réunit autour de la Portioncule les ministres de toutes les provinces de l'ordre et les frères des lieux voisins. Ce fut presque un chapitre d'administration ordinaire. Y fut promulguée la Règle approuvée par Honorius III, qui à partir de ce moment, devint le statut officiel de l'ordre.

Les chroniqueurs rappellent une autre décision importante, qui atteste du zèle de frère Élie : l'envoi en Angleterre de saint Agnello, avec une mission qui eut un très rapide succès.

Saint François n'intervint pas à ce chapitre, empêché par ses conditions de santé. Vingt ans de jeûnes, de veilles, de surmenage, de privations de toute sorte avaient affaibli la déjà faible constitution du *Poverello*. Depuis sa jeunesse, il était tourmenté par de continuels accès de fièvre ; après la croisade, s'y ajouta la maladie des yeux ; maintenant le tourmentaient un début d'hydropisie et des hémorragies qui le laissaient exsangue. Frère Corps, chargé de poids excessifs, s'effondrait épuisé. Mais dans le corps accablé, l'esprit vit avec une force insolite. Il adressa à l'assemblée des frères une lettre qui constitue un document de la plus haute valeur historique et humaine ; nous en donnons la traduction intégrale :

> À tous les plus révérends et chers frères, au ministre général de l'ordre des Mineurs, son Seigneur, et à tous les ministres généraux qui viendront après lui, et à tous les ministres et custodes et prêtres de l'ordre humbles dans le Christ, et à tous les frères simples et obéissants, les premiers et les derniers, frère François, homme vil et infirme, votre petit esclave, vous salue en Celui qui rachète et lave nos péchés dans son sang précieux, Celui dont, en l'entendant, vous devez adorer le nom avec crainte et révérence prosternés en terre, le Seigneur

Jésus-Christ, Fils du Dieu Très-Haut dont le nom est béni dans les siècles. Amen.

Écoutez, fils du Seigneur et mes frères, et tendez les oreilles à mes paroles. Ouvrez l'oreille de votre cœur et obéissez à la voix du Fils de Dieu. Conservez au fond de votre cœur ses commandements et donnez plein accomplissement à ses lois. Ayez confiance en lui, parce qu'il est bon ; et exaltez-le dans vos œuvres, parce qu'Il vous a envoyés dans tout le monde pour porter témoignage, par la parole et par les actes, de sa volonté, et enseigner à tous que qu'il n'y a Dieu hors de lui. Persévérez dans la discipline et dans la sainte obéissance, et quand vous le lui avez promis, tenez parole avec sincère et ferme foi.

Comme à ses enfants s'offre à vous le Seigneur. Je vous supplie donc tous, mes frères, en vous baisant les pieds avec tout mon amour, de porter le plus grand amour et la plus grande révérence au très Saint Corps et au Sang de notre Seigneur Jésus-Christ, en qui tout ce qui est dans le ciel et sur la terre a été pacifié et réconcilié en Dieu tout-puissant. Je prie aussi dans le Seigneur tous mes frères, qui sont et seront et désireront être prêtres du Très haut, chaque fois qu'ils veulent célébrer la messe, de faire dans la pureté de l'esprit et avec révérence le vrai sacrifice du très Saint Corps et du Sang de notre Seigneur Jésus-Christ, avec sainte et pure inspiration, et non pour un motif terrestre ni par amour ou crainte d'aucun homme, comme si vous deviez plaire aux hommes. Mais que toute volonté, qui lui sera accordée par la grâce Toute-puissante, se dirige vers Lui pour plaire à Lui seul, unique Dieu suprême ; car Il agit seulement comme il Lui plaît. Et puisque Lui-même dit : Faites cela pour ma mémoire, si quelqu'un fait autrement, qu'il devienne le traître Judas, péchant contre le corps et le sang du Seigneur.

Rappelez-vous, mes frères prêtres, combien il est écrit dans la loi mosaïque que les transgresseurs même des préceptes matériels devront mourir inexorablement par sentence divine. Combien plus justement encore il mérite le supplice, celui qui aura offensé le Fils de Dieu, aura profané le sang de son alliance, dans lequel est notre sanctification, et aura fait fi du Saint-Esprit! Car l'homme méprise, profane et avilit l'Agneau de Dieu quand, comme le dit l'Apôtre, ne jugeant et ne tenant pas le très saint pain du Christ pour différent des autres mets et de toute autre chose, il le mange sans en être digne, il le mange de façon vaine et indigne. Dieu a dit par la bouche du prophète: maudit soit l'homme qui fait les œuvres de Dieu en fraude. Et il détourne son visage des prêtres qui dans leur cœur ne l'honorent pas, en disant: «Je maudis vos bénédictions!»

Écoutez-moi, mes frères: si la bienheureuse Vierge Marie est ainsi honorée, comme il est juste, pour L'avoir porté dans son très saint flanc; si saint Jean-Baptiste tremble et n'ose toucher le saint corps de Dieu; si le sépulcre, dans lequel il reposa un temps est aussi vénéré; combien doit être saint, juste et plein de mérites non plus le dieu destiné à mourir, mais ce dieu victorieux et glorieux pour l'éternité, dans lequel les anges désirent se refléter, touchant ce pain de ses mains, le prenant en son cœur et dans sa bouche et l'administrant aux autres?

Considérez votre dignité, frères prêtres et soyez saints parce qu'Il est saint. Et de même que par ce mystère le Seigneur Dieu vous a honorés par-dessus tout, de même vous par-dessus tout, aimez-le, adorez-le et honorez-le. Grande est votre misère et misérable votre faiblesse, si en L'ayant Lui-même aussi présent auprès de vous, vous vous souciez d'autre chose dans le monde. L'homme se trouble tout entier, tout le monde s'émeut, et le ciel s'exalte quand sur l'autel, dans les mains du prêtre, se trouve le Christ, fils du Dieu vivant. Ô admirable hauteur et grâce merveilleuse! Ô humilité sublime! Ô humble sublimité! Le Seigneur du monde, Dieu et fils de Dieu, s'est humilié ainsi pour notre salut et s'est caché dans une miette de pain! Considérez, frères, l'humilité de Dieu et ouvrez votre cœur à sa présence; humiliez-vous en lui pour être par lui exaltés. Ne gardez pour vous aucune part de vous, afin qu'il vous reçoive tout entiers Celui qui tout entier s'est donné à vous.

Je recommande donc et j'exhorte dans le Seigneur, que, dans les lieux où demeurent les frères, une seule messe soit célébrée chaque jour selon le rite de la sainte Église. Si en un lieu il y avait plus de prêtres, que chacun soit par amour de la charité content d'entendre la messe célébrée par l'autre; parce que le Seigneur Jésus-Christ comble de sa présence les présents et les absents qui le méritent. Et, s'il est présent en différents lieux, il reste aussi un et indivisible et ne connaît la division, mais reste unique partout où il œuvre avec le Seigneur Dieu Père et Saint-Esprit Paraclet dans tous les siècles. Amen.

Et puisque qui appartient à Dieu écoute les paroles de Dieu, nous devons nous qui sommes plus spécialement adonnés à l'office divin non seulement entendre et pratiquer les commandements divins, mais aussi, dans le but de réaliser en nous la grandeur de notre Créateur et en lui notre soumission, garder les vases et les autres objets sacrés qui contiennent ses saintes paroles. Pour cela j'exhorte tous mes frères et les adjure dans le Christ à trouver partout écrites les paroles divines, à les vénérer le plus possible; si elles ne sont dignement placées ou si elles gisent indignement en quelque lieu, à les recueillir et à les replacer, en honorant dans ces paroles Dieu qui les a prononcées. Beaucoup de choses en réalité se sanctifient par les paroles de Dieu, et en vertu des paroles du Christ s'accomplit le sacrement de l'autel.

Je confesse à Dieu, Père, Fils et Saint-Esprit et à la bienheureuse Marie toujours Vierge et à tous les saints dans le ciel et sur la terre, et au ministre général de l'ordre et à tous mes autres frères bénis tous mes péchés. En de nombreuses circonstances je suis tombé en grave faute, en particulier parce que je n'ai pas observé la Règle comme je l'ai promis à Dieu et je n'ai pas dit l'office, comme le prescrit la Règle, soit par négligence, soit à cause de mes faiblesses, soit parce que je suis ignorant et lent. Pour cela je prie de tout mon pouvoir le ministre général mon seigneur qu'il fasse observer la Règle rigoureusement par tous. Que les clercs disent dévotement l'office devant Dieu, soucieux non pas de moduler leur voix, mais de pacifier leur cœur, de façon à faire coïncider la voix avec le cœur et le cœur avec Dieu. Ainsi pourront-ils, par la pureté de leur cœur, plaire à Dieu et non, par la flatterie de leur voix, caresser les oreilles du peuple. Je promets donc d'observer fermement ces préceptes, selon la grâce que m'aura donnée le Seigneur, et de les faire observer aux frères qui sont avec moi. Ceux parmi les frères qui ne voudront pas observer ces préceptes, je ne les considère ni comme catholiques, ni comme mes frères, je ne veux ni les voir ni les entendre, jusqu'à ce qu'ils aient fait pénitence ; je dis la même chose à tous les autres, qui s'aventurent hors de l'obéissance à la Règle, car notre Seigneur Jésus-Christ a donné sa vie pour ne pas déroger à l'obéissance à son Père.

Moi frère François, homme inutile et indigne créature de Dieu, je recommande au nom du Seigneur Jésus-Christ à frère Élie, ministre général de l'ordre et à tous les ministres généraux qui viendront après lui et à tous les custodes et gardiens des frères présents et futurs d'avoir toujours avec eux cet écrit, de veiller sur lui, de le garder et de le préserver avec soin. Et je les supplie de conserver et de faire observer avec dévouement tout ce qui y est écrit selon le bon plaisir de Dieu tout-puissant maintenant et toujours, tant que durera le monde.

Soyez bénis de Dieu vous qui avez fait cela, et que le Seigneur soit avec vous pour l'éternité. Amen.

> Dieu tout-puissant, éternel, juste et clément, donne-nous à nous *poverelli* par ta grâce de faire ce qu'il Te plaît, de vouloir toujours ce que Tu veux, de façon à ce que les mondes entièrement illuminés et enflammés du feu de l'Esprit saint, nous puissions suivre les traces de ton Fils, notre Seigneur Jésus Christ, et parvenir à Toi par ta seule grâce; que dans la parfaite Trinité et dans la simple unité tu vives et règnes et sois glorifié, Dieu tout-puissant en tous les siècles. Amen[1].

Cette lettre est un précieux témoignage. Elle nous donne une idée précise de ce que furent les prédications que saint François tenait aux frères dans les chapitres. C'est en fait un vrai sermon, dense en textes de l'Écriture sainte, plein d'exhortations et d'élans. Saint François insiste surtout sur les préceptes qui dans la Règle définitive devaient être effacés. Ce sont précisément les préceptes qui ne pouvaient figurer dans la règle d'un ordre religieux: excellents comme exhortation et enseignement aux novices, ils auraient été dissonants dans un code[2]. Nous voyons ainsi quelle a été l'œuvre de frère Élie et du cardinal Hugolin dans la compilation de la Règle: saint François a été le maître et l'inspirateur; ils ont été les codificateurs. Ils ont précisé et exprimé avec une admirable harmonie l'idéal du *Poverello*. Et ce n'est pas un mince mérite.

Le chapitre de 1224 marque une date dans l'ordre pour une autre raison: il atteste le renoncement complet de saint François à la direction. Le seul pouvoir et la seule responsabilité sont à frère Élie. Les anciennes sources l'appellent dès lors vicaire général, ministre général; le second terme seul est exact et utilisé

1. Pères de Quaracchi, *Opuscola B. Patris Francisci*, Florence, 1904, p. 99s.
2. Le respect pour le sacrement de l'autel, la dévotion dans la célébration de la messe, le respect pour le nom de Dieu et les choses saintes sont des obligations communes à tout chrétien; elles ne peuvent constituer les articles d'une règle. Ce sont des thèmes de prédication; des admonestations et des enseignements que nous verrons apparaître dans le *Testament*.

toujours par saint François. Frère Élie est donc vraiment le premier général de l'ordre selon l'article VIII de la Règle. C'est un fait historique qui n'a rien à voir avec le mérite.

Pendant que frère Élie est tout absorbé par les mille soins de son administration, saint François, libéré de tout souci terrestre, s'immerge dans le divin et s'y exalte. Dans la solitude mystique de l'Alverne, le 17 septembre 1224, il reçoit dans sa chair les stigmates du Seigneur. Le fait fut considéré par les contemporains comme le plus grand miracle du temps. Un mystère sacré l'entoure. Personne ne vit la scène et saint François eut toujours une grande réticence à en parler. Ces circonstances singulières suscitèrent dès le début les soupçons et les doutes. Le miracle ne fut divulgué qu'après la mort du saint, et les ennemis de l'ordre insinuèrent que c'était une supercherie de frère Élie. L'insinuation est ridicule ; il n'y a aucune raison de mettre en doute les stigmates et en fait, aujourd'hui, plus personne n'en doute[1]. Élie lui-même, du vivant du saint, eut l'occasion de voir la plaie du côté[2].

Après l'Alverne, commence pour saint François la transfiguration. Il n'est plus un homme de chair et d'os, mais déjà un saint du ciel que l'on vénère en silence, de loin. Grandi par la solitude, loin du contact quotidien des hommes, il apparaissait au peuple presque comme un symbole : relique plus qu'exemple, dispensateur de grâce plus que guide moral. Mais saint François voulait encore être un homme parmi les hommes ; plus que jamais il voulait être missionnaire. Monté sur un petit âne, car les blessures de ses pieds lui rendaient la marche difficile, il parcourait trois ou quatre villages par jour. Frère Élie l'accompagnait, très inquiet pour sa santé. La maladie des yeux, à force de pleurs et de veilles, s'était aggravée et menaçait le saint de cécité. Passant par la cité de San Gemini, saint François rencontre une femme

1. Lempp écrit (p. 63) : « C'est alors qu'il reçut, dit-on, sur son corps les stigmates du Christ. » Ce « dit-on » est d'une bêtise incommensurable !

2. « *Felix Helias qui, dum viveret sanctus, utcumque illud (sacrum lateris vulnus) videre meruit* » (*I Cel.*, II).

qu'il avait libérée, quelque temps auparavant, du démon: elle le suit en criant sa gratitude et en baisant les traces de ses pas. Absorbé dans le divin, le saint ne la regarde même pas. Frère Élie intervient, compatissant, et prie le saint de faire à la pauvre femme l'aumône de sa parole[1]. C'est un trait de caractère bien éloigné de l'adjectif impitoyable appliqué par Lempp à frère Élie et qu'aucun trait de sa vie ne justifie. Malgré sa grande énergie, Élie eut toujours un cœur fraternel et une âme compatissante; pour le saint maître, il eut vraiment l'affection d'une mère. Le souci de la santé du saint se fit si vif que frère Élie l'obligea à s'arrêter un peu à Foligno pour se reposer et restaurer ses forces. Mais l'inquiétude ne diminuait pas: une nuit, en rêve, un ange avertit frère Élie que le saint n'avait plus que deux ans à vivre[2].

Le ministre général alors imposa sa volonté. Il conduisit saint François à Saint-Damien, et le confia aux soins de sainte Claire et de ses sœurs, où par respect de la règle claustrale, il ne fut pas reçu dans le couvent. Une cellule de branches tressées fut préparée pour lui dans le jardin, avec un grabat de paille. Il y retrouva la consolation et la paix, et dans la ferveur d'une exaltation qui fondait dans une même louange la création et le Créateur, il composa le *Cantique de frère Soleil*, par lequel s'affirma pour la première fois au monde la douce langue italienne.

Mais les maux ne lui laissaient pas de répit. Surtout les yeux le faisaient beaucoup souffrir. Saint François avait perdu tout contact avec la terre. Il vivait dans le surnaturel et le divin, abandonné comme un enfant à la sollicitude affectueuse de frère Élie. Il s'en remettait au ministre pour tous les besoins et les soins de son corps.

---

1. « *Tandem fratrem Helias compulit Sanctum prece qui locutus est ei* » (*I Cel.*, I, 25).
2. « *Cum ipse Beatus Pater et frater Helias tempore quodam apud Fulgineum morarentur, nocte quadam cum se sopori dedissent, astitit fratri Helias sacerdos quidam albis indutus dicens: Surge, frater, et dic fratri Francisco quoniam duobus tantum annis dehinc viam universæ carnis intribit* » (*I Cel.*, II, 8).

Pendant ce temps, une sédition avait contraint Honorius III à quitter Rome. La cour pontificale s'installa à Rieti où elle demeura jusqu'à la fin de 1226. Le cardinal Hugolin, informé de la maladie de saint François, l'appela auprès de lui pour le faire soigner par les propres médecins du pape. « Frère Élie, choisi par lui comme mère et pour les autres frères comme père, l'obligea à ne pas refuser les remèdes de la médecine mais à les accepter au nom du Fils de Dieu, par qui elle avait été créée, puisqu'il est écrit : "Le Très haut a créé sur terre la médecine et le sage ne la rejettera pas." Alors le saint y consentit et obéit humblement[1]. »

Saint François se rendit donc à Rieti et fut accueilli dans le palais épiscopal. Sur son passage fleurissaient les miracles ; les populations en fête allaient au-devant de lui avec des rameaux d'olivier. Partout la dévotion la plus ardente accompagnait ses pas. Les médecins du pape le soignèrent et épuisèrent leurs recettes sans obtenir aucune amélioration. Ils décidèrent alors de recourir à un remède désespéré : la cautérisation des tempes au fer rouge.

D'abord saint François refusa de se prêter à cette médication, voulant attendre l'arrivée de frère Élie, à qui il revenait comme supérieur de décider ce qu'il devait faire. Malgré sa grande sollicitude, frère Élie, retenu par les obligations de l'ordre, ne put venir à temps. Les médecins opérèrent le patient, augmentant les souffrances du malade sans le guérir.

Saint François fut alors transporté à Sienne, ville renommée aussi au Moyen Âge pour la douceur de son climat. Il s'y soumit aux soins d'un célèbre oculiste qui n'améliora pas son état plus que les autres. Il était évident désormais que le mal était sans espoir.

Après une brève parenthèse de bien-être, saint François eut une rechute si grave que la mort parut proche. Frère Élie, averti, arriva en toute hâte. Sa présence réconforta si bien le malade qu'on put penser à le reconduire en Ombrie, comme il l'avait demandé[2].

1. *I Cel.*, II, 4.

2. « Frère Élie accourut à lui de loin et à son arrivée le saint alla tellement mieux qu'il put quitter Sienne avec lui et s'installer dans l'ermitage des Celle

Mais comme un nouveau conflit avait surgi entre Pérouse et Assise, frère Élie fit un détour par Gubbio et Nocera s'arrêtant quelque temps dans le château de Bagnara, à quelques kilomètres de cette cité, pour faire reposer le saint. C'est donc escorté par les cavaliers de la Mairie qui étaient allés à sa rencontre comme garde d'honneur jusqu'à Sestriano, que saint François arriva dans sa ville et fut hospitalisé à l'évêché, où des sentinelles armées veillèrent nuit et jour pour empêcher toute tentative de le soustraire au pouvoir que les citoyens se targuaient d'avoir de droit sur son corps. Lui vivant, on montait déjà la garde autour de son cadavre.

Frère Élie confia son ami à ses compagnons les plus chers: Léon, Ange, Massée, Rufin pour l'assister en permanence, pendant que lui-même devait remplir les obligations de sa charge. Dans l'évêché, le saint composa les dernières strophes du *Cantique des Créatures*: celle du pardon et celle de la mort, dans une constante sérénité d'esprit. Accablé de maux, le saint se consolait par le chant de ces strophes admirables. L'évêché résonnait continuellement de la voix des frères qui le célébraient. Frère Élie, craignant que l'agitation ne nuise à la santé du saint, lui recommanda de ne pas se fatiguer et pria les frères de le laisser se reposer. À travers les déformations des légendes postérieures, cette opportune sollicitude envers le malade apparut comme un signe des différends qui opposaient le saint de son vicaire[1].

---

près de Cortone» (*I Cel.*, II, 7). L'ancien chroniqueur utilise une phrase très tendre: «*Fecit bonus filius quod benignus pater petit.*» On ne pouvait mieux exprimer l'affection entre le saint et le ministre.

1. Lempp, avec son habituelle incompréhension, rapporte et commente ainsi le passage du *Miroir* relatif à cet épisode: «Un petit conflit qui montre combien leurs deux natures étaient différentes se produisit encore. Tous les citadins étaient très émus; on savait qu'un saint allait mourir à Assise et que la cité serait enrichie de ses précieuses reliques. François sans s'occuper de toute cette agitation, calmait ses intolérables douleurs en se faisant chanter des cantiques (*sic*) par les frères. Élie jugea que ce n'était pas une façon convenable pour un saint de se préparer à la mort: "Très cher Père, lui dit-il, je suis émerveillé par la joie dont tu fais preuve dans ta faiblesse, mais les

La vérité est plutôt qu'aucun différend n'exista jamais entre saint François et frère Élie. Leur accord fut inaltérable comme leur affection. Élie reconnaissait la supériorité morale du saint et François reconnaissait la supériorité politique du vicaire. La compréhension réciproque et le respect mutuel cimentaient l'amitié de ces esprits supérieurs. Chez tous deux, la même dévotion pour la sainte Église. L'ordre des Mineurs avait été fondé pour servir l'Église. La grandeur de l'ordre était inséparable de la grandeur de l'Église. Ce sentiment qui fut celui de toute la vie de saint François, fut aussi le sentiment de toute la vie de frère Élie[1].

Sentant désormais sa fin imminente, le *Poverello* demanda à être porté à la Portioncule; il voulait mourir près de l'humble église où il avait entendu la voix de Dieu qui le consacrait son apôtre. Frère Élie s'occupa d'en avoir l'autorisation auprès de la mairie et de l'évêché. Il plaça donc le saint sur une civière et le cortège des frères se mit en route lentement hors des murs. Une

---

gens de la cité qui te vénèrent comme saint diront: Comment peut-on être aussi joyeux quand la mort approche? Il vaudrait mieux qu'il se prépare à mourir." François lui répondit qu'à partir de la vision de Foligno, il y avait pensé tous les jours. "Mais, ajouta-t-il, laisse-moi faire, parce qu'avec l'aide du Saint-Esprit, je suis si uni à mon Dieu que je peux bien me réjouir et exulter dans le Très Haut."» (*Miroir de Perfection*, chap. 121 et 123). Et Lempp ajoute: «Voilà qui enlève une partie de leur valeur aux paroles comme celles par lesquelles François aurait traité Élie de mère.» Il est décidément obstiné dans son préjugé d'Élie complice secret du perfide cardinal Hugolin pour trahir l'idéal franciscain en l'assujettissant à l'Église.

1. Le père Irénée Affò, avec sa solide intelligence et son jugement, écrit: «Mais que la vérité dissipe de sa lumière les ténèbres du mensonge. Je dis donc qu'on ne trouve chez les auteurs de la première époque que des éloges de frère Élie pour tout le temps qu'il vécut avec saint François, et franchement je répète que le saint n'eut qu'à se louer à toute heure de lui et que jusqu'à son dernier souffle, il l'aima tendrement. Je dis que tant que frère Élie a été vicaire, l'ordre, grâce à son zèle, se développa admirablement et que saint François n'eut qu'à s'en réjouir au moment de mourir. Dans l'acte de lui donner sa sainte bénédiction il put lui dire sincèrement: "*In manibus tuis fratres meos et filios augmentavit Altissimus.*"»

escorte armée les accompagnait pour monter la garde à la Portioncule. À mi-chemin, près de l'hôpital des Crucigeri, d'où on peut embrasser d'un seul regard toutes les maisons d'Assise, saint François voulut être posé à terre, la face tournée vers la cité ; et levant la main dans un grand signe de croix, il dit adieu à sa terre et la bénit : « Dieu te bénisse, cité sainte, car de nombreuses âmes par toi seront sauvées, en toi habiteront de nombreux serviteurs du Très-Haut et par toi beaucoup seront élus au règne éternel[1]. »

Saint François avait le cœur pur. À cette heure suprême, tous ses sentiments étaient dominés par l'amour. Son âme se répandait en bénédictions. Dans la petite cellule de branches où il reposait, les compagnons les plus aimés étaient réunis en ardente communion de larmes. Bernard de Quintavalle, premier compagnon du *Poverello*, était agenouillé à sa droite. Frère Élie, humblement, était penché à sa gauche. Alors le saint croisa les bras pour mettre sa main droite sur sa tête et comme il était aveugle : « Sur qui, demanda-t-il, est-ce que je tiens ma main droite ? » « Sur frère Élie », lui fut-il répondu. « Et c'est ce que je veux », dit-il ; puis il ajouta avec une grande effusion : « Toi, ô fils, je te bénis en tout et pour tout[2] ; et comme sous ta direction le Très-Haut a multiplié mes frères et mes enfants, sur toi et en toi je Le bénis autant que je peux et le plus que je peux et ce que je ne peux faire, que le fasse en toi Celui qui peut tout. Que Dieu se rappelle ton œuvre et ton travail et que dans la rétribution des justes soit gardé ton sort. Que tu puisses trouver toute bénédiction que tu désires et que soit exaucée chacune de tes justes demandes[3]. »

1. Cette bénédiction, qui est rapportée dans les *Fioretti*, a été transcrite sur la Porta Nuova d'Assise.
2. Un ancien manuscrit retranscrit par le père Giuseppe Abate, contient une incise de grande importance : « Toi qui as pris sur tes propres épaules mes charges, as pourvu virilement aux besoins de frères » (*La Leggenda napolitana di San Francesco*, *op. cit.*, p. 33 s). Ces paroles ont tout le caractère de la vraisemblance, elles résolvent de manière indubitable la controverse autour de la bénédiction de frère Élie, à l'égard de laquelle les doutes ne peuvent subsister.
3. *I Cel.*, II, 7.

Les anciennes sources se contredisent fortement autour de cet émouvant épisode. Les violentes passions qui s'agitèrent autour de frère Élie troublent la sérénité historique. Les écrits ne sont plus des témoignages historiques, mais des armes polémiques. Il faut chercher la vérité qui affleure au milieu des voix discordantes. La vérité ne peut différer du récit de Celano dans la *Première Légende*. Frère Élie n'était pas seulement le fils préféré, il était aussi le ministre général de l'ordre. Aux yeux de saint François ouverts sur l'éternité, il représentait l'ordre tout entier, dans le présent et le futur. La scène racontée par Celano correspond bien à la vérité historique. Ces paroles ne peuvent se référer qu'à frère Élie[1].

Saint Bonaventure rappelle lui aussi un trait de piété qui ne peut se rapporter qu'à frère Élie. Sur le point de mourir, saint François avait demandé à être placé nu sur la terre nue. Il était entré nu dans la vie du Seigneur ; il voulait rejoindre nu sa destination. La sollicitude de frère Élie se manifesta en agissant selon le désir du mourant. Élie se fit donner d'autres vêtements et les offrit en aumône au saint en disant : « Accepte de moi comme prêt par obéissance cette tunique, ces braies et cette capuche, et pour que tu sois sûr de n'avoir aucun droit de propriété sur eux, je t'interdis de les céder à qui que ce soit[2]. » Cette tunique est aujourd'hui conservée au couvent de Cortone.

1. Les auteurs postérieurs ont dû déformer le texte pour l'adapter à Bernard de Quintavalle, qui a été un cher et fidèle compagnon, mais n'a eu aucune primauté dans l'ordre. Il est faux que Thomas de Celano, dans sa *Seconde Légende* (II, 162), ait contredit le récit de la première. Au contraire, il la confirme en termes explicites : « Tous les frères l'entouraient ; et il étendit sur eux sa main droite, et, commençant par son vicaire, il la posa sur la tête de chacun en les bénissant. » Ce vicaire était frère Élie. Et cet auteur ajoute : « que personne n'usurpe cette bénédiction donnée aux présents pour les absents ». Confirmation radicale du récit de la *Première Légende*. Le père Édouard d'Alençon, capucin, en atteste dans *Études franciscaines* (février 1903, p. 204).

2. *La Légende Majeure*, XIV, 4.

Frère Élie ne se sépara plus du maître mourant. Le matin du vendredi 2 octobre, saint François se réveilla de bonne heure avec des douleurs atroces. Il avait perdu la notion du temps. Il croyait que c'était encore jeudi. Il vit autour de lui ses compagnons plongés dans la désolation et les pleurs. Il se fit apporter du pain, le bénit, et en l'émiettant, il en donna à manger un petit morceau à chacun. Uni de toute son âme au Christ, il répétait avec ses frères la Dernière Cène du Seigneur : mais c'était aussi un acte d'amour. Sous l'espèce du pain, il donnait à ses frères sa vie en sacrifice. Frère Élie, le visage baigné de larmes, contemplait avec une foi passionnée le visage du mourant. Il tenait à la main avec dévotion le petit morceau de pain à lui offert par le saint, sans pouvoir l'avaler, la gorge serrée de larmes. Alors frère Léon, s'étant approché, lui demanda comme don le précieux morceau, « lequel, conservé avec soin, fut la cause de la guérison de nombreux infirmes[1] ».

Telles furent les dernières manifestations terrestres du saint. Dans la nuit du 3 au 4 octobre 1226, saint François entra dans la gloire céleste, salué par un chant d'alouettes. Les frères, dans une exaltation irrépressible, purent contempler les stigmates sacrés, qui faisaient de son corps l'égal du corps du Christ[2].

Les obsèques du saint furent un triomphe solennel. La joie dominait la douleur dans la population. Des paroles d'allégresse couraient, des cantiques de jubilation, des remerciements à Dieu pour avoir accompli le désir de tous, assurant ainsi à la cité la possession des reliques miraculeuses : « Sois loué, disaient les citoyens, sois loué, Seigneur Dieu, qui nous a confié, à nous si indignes, un si précieux trésor. » Au milieu d'une clameur croissante de chants et de sonneries, le cortège monta vers la cité. Toutes les cloches d'Assise sonnaient en fête.

1. Père Giuseppe Abate, *La Leggenda napolitana di san Francesco*, *op. cit.*, p. 35. Cf. Jean Bolland, *Acta sanctorum*, t. IV, p. 667, n. 641 ; Luc de Wadding, *Annales Minorum*, *op. cit.*, n. 29.
2. Salvatore Attal, *San Francesco d'Assisi*, *op. cit.*, chap. XV, p. 441s.

Le corps du *Poverello* descendit triomphalement dans la sépulture de l'église Saint-Georges, où il avait étudié enfant[1].

Autour de la tombe du saint fleurit aussitôt le miracle.

1. Par les soins de frère Élie, la précieuse relique fut placée dans un sarcophage de pierre ouvert, avec au-dessus une grille de fer fixée à la pierre par une robuste chaîne de fer. Le tout placé dans un coffre bien fermé. On voit encore le sarcophage dans la grande basilique d'Assise, témoignage de l'affection prévoyante de frère Élie.

Giotto a représenté Élie de Cortone assistant à la mort de saint François sur une fresque de l'église Santa Croce à Florence. D.R.

Représention d'Élie sur une fresque du XVIIe siècle. D. R.

Le vrai visage de frère Élie reconstitué par le professeur Mallegni d'après sa dépouille retrouvée en 2003. Photographie de l'auteur.

Bas-relief de bronze représentant frère Élie portant la relique de la sainte Croix qui est conservée dans l'église Saint-François à Cortone. Photographie de l'auteur.

Affiche du film *L'Ami. François d'Assise et ses frères*, sorti en 2016 et où l'acteur Jérémie Renier interprète le rôle de frère Élie. © Aeternam Films.

IV

Frère Élie général des Frères mineurs

La mort n'est pas toujours une séparation. Les morts que nous avons aimés continuent à vivre en nous, nous donnant courage et amour. Ils demeurent en nous, participent à notre vie et sont présents dans toutes nos actions. Sœur Mort est la grande exaltatrice de l'esprit : elle ouvre la porte de l'immortalité.

Frère Élie avait l'âme élevée. Il avait aimé saint François comme personne, avec la tendresse de la mère et l'ardeur du disciple. Son cœur s'était plongé dans l'action. Maintenant il sentait tout le poids de sa responsabilité : il devait continuer l'œuvre du saint, maintenir en vie son esprit, donner une forme définitive à sa création. Comme aucun des compagnons du saint, il avait vu et jugé la portée de la fondation franciscaine. Saint François s'était surtout préoccupé du ciel. Sa déclaration passionnée, quand il annonça l'indulgence de la Portioncule – « Je veux vous envoyer tous au Paradis » – peut être un symbole de son action. Frère Élie voyait en revanche l'action qu'il fallait accomplir pour les générations futures. Il avait suivi la dépouille de l'ami exceptionnel, absorbé dans la pensée de l'œuvre à accomplir. Maintenant que François était mort, il en mesurait pleinement la grandeur démesurée. Voyant son corps descendre dans la crypte de l'église Saint-Georges, au milieu de la vénération de la foule, dans un triomphe de chants et de sonneries, il eut un éclair d'intuition ; il sentit qu'à ce corps, qui portait marqués dans sa chair les stigmates du Christ, il fallait une sépulture propre, un lieu propre, témoin de sa gloire pour l'éternité. Et il eut une vision remarquable :

il vit en esprit une grande basilique, riche de marbre et d'or, ornée de sculptures et de peintures précieuses ; il vit dedans une tombe ; il vit des milliers et des milliers d'âmes accourir de tous les points du monde pour s'incliner et adorer… L'amour pour saint François était devenu en lui volonté de puissance.

Après la mort de saint François, frère Élie restait seul chef de l'ordre et père de tous les frères. La lettre qu'il écrivit pour annoncer aux ministres la douleur d'une telle perte et la gloire miraculeuse des stigmates est un document très précieux, d'une authenticité indiscutable, qui révèle la grande noblesse de cœur et d'esprit du premier général de l'ordre. Il convient de la transcrire en entier, fidèlement traduite du latin solennel dans lequel elle est écrite :

> Au cher frère en Christ Grégoire[1], ministre des frères qui sont en France, et à tous ses frères et les nôtres, frère Élie pécheur envoie son salut.
>
> Avant de commencer à parler, je soupire et je pleure ; mes larmes sont comme l'eau insidieuse : parce que ce que je craignais m'a frappé et vous a frappés aussi et ce que je redoutais m'est arrivé et vous est arrivé aussi ; Ahi ! Loin de nous s'est en allé notre consolateur, celui qui nous portait comme des agneaux dans ses tendres bras ; il s'est rendu en pèlerinage dans des régions lointaines ; dans des manoirs pleins de lumière et il a été accueilli comme

1. Frère Grégoire de Naples, neveu de Grégoire IX, fut provincial de France jusqu'en 1224 ; et l'année suivante, il reçut dans l'ordre anglais Aymon de Faversham, docteur de l'université de Paris, qui deviendrait l'adversaire le plus acharné de frère Élie et serait devant le pape le porte-parole de ses accusateurs. Élu général en 1240, Aymon fit emprisonner son ancien ministre Grégoire, accusé d'avoir soutenu avec un zèle ardent le rôle de frère Élie. « *Quis enim,* s'exclama Eccleston, *Gregorio in prædicatione vel prelatione in Universitate Parisii vel clero totius Franciæ comparabilis? Et tamen in fine meruit perpetuum carcerem !* » La cruauté qui se manifestera par la suite *sans preuves* contre frère Élie semble en revanche prouvée chez ses adversaires.

l'aimé de Dieu et des hommes, celui qui nous a enseigné la loi de vie de Jacob et le testament de paix d'Israël. Pour lui nous devons nous réjouir vivement, mais nous devons vivement nous désoler pour nous qui sommes restés sans lui, plongés dans les ténèbres et opprimés par l'ombre de la mort. Même deuil pour vous et pour moi, mais risque particulier pour moi, parce que je suis seul dans la plus épaisse désolation, accablé de nombreuses et très pesantes charges et opprimé par des maux innombrables[1]. Pleurez avec moi, frères, comme je me plains et je pleure avec vous : nous sommes orphelins, sans père et privés de la lumière de nos yeux !

Vraie, vraie lumière que la présence de notre frère et de notre père François non seulement pour nous, ses plus proches par la vie et la foi[2], mais aussi pour ceux qui sont loin ; lumière venue de la vraie lumière pour dissiper les ténèbres et guider ceux qui meuvent leurs pas à l'ombre de la mort sur le chemin de la paix et de l'éternel salut. Comme soleil rayonnant dans le ciel resplendissait son cœur, éclairant le royaume de Dieu ; au feu de son amour les esprits s'allumaient, les cœurs des pères devenaient conciliants envers les fils, les imprudents étaient amenés à la prudence des justes et, dans tout le monde, se préparait un nouveau peuple pour le Seigneur[3]. Jusqu'aux plus

1. Cette déclaration d'une grande importance donne la raison des événements qui s'ensuivirent. Elle prouve qu'Élie n'était pas attaché au pouvoir, qui était au contraire pour lui : « une charge très pesante », rendue plus lourde par sa mauvaise santé. Il faut se rappeler que l'ordre ne *possédait rien*, sans autre source de revenus que la charité du prochain. Il fallait non seulement soutenir et guider, mais aussi nourrir les milliers de frères. Cela nécessitait une dose immense d'abnégation et de sacrifice, outre l'intelligence, pour satisfaire à tant d'obligations.

2. *Ses plus proches par la vie et par la foi* ; il faut retenir cette déclaration que personne n'a contestée alors et ne pourrait contester aujourd'hui. C'est un témoignage, parmi beaucoup d'autres, de la pureté de la vie et de la foi de frère Élie.

3. Dans la concision des termes apparaît la conception grandiose de l'ordre

lointains confins, son nom est célébré et ses actions admirables sont admirées dans tout l'univers. Éloignez donc de vous, mes fils et mes frères, l'écrasante tristesse, et fiez-vous au père des orphelins, Dieu, qui nous réconfortera de ses saintes consolations. Pleurons plutôt, frères, sur nous-mêmes, qui au milieu de la vie sommes dans la mort, tandis qu'il est passé de la mort à la vie éternelle. Et grâce à Dieu consolons-nous puisqu'avant de nous quitter, cet autre Job, le saint, a béni tous ses fils et a remis leurs péchés à tous[1].

Et maintenant je vous annonce une grande joie et un miracle extraordinaire. Dans le monde ne fut jamais entendu pareil prodige, sinon dans le Fils de Dieu, qui est Christ Dieu. Quelque temps avant sa mort, notre frère et notre Père apparut crucifié, portant sur son corps cinq plaies qui sont vraiment les stigmates du Christ : parce que ses mains et ses pieds avaient été transpercés de part en part par les pointes des clous et portaient les cicatrices et la couleur des clous et que son flanc apparut blessé par la lance, et dégouttant de sang. Tant que son esprit était enfermé en son corps, il paraissait humble, son visage émacié et aucun de ses membres n'était exempt de plaies. Mais après la mort, son aspect devint d'une grande beauté, resplendissant d'une admirable blancheur et réconfortant à voir. Et ses membres, qui étaient rigides, devinrent souples, se pliant à son gré, comme ceux d'un

---

qu'eut dès le début frère Élie et – mérite encore plus grand – qu'il a traduite en acte : *générer dans tout le monde un nouveau peuple pour le Seigneur*. Comme les Hébreux avaient été le peuple élu dans l'humanité païenne et idolâtre, les Frères mineurs auraient été le peuple élu dans l'Église du Christ.

1. Cette comparaison avec le patriarche Job se retrouve dans toutes les anciennes biographies, postérieures à la lettre de frère Élie. Élie ne parle pas d'une bénédiction spéciale à lui adressée. Cela aurait été une vantardise déplacée à ce moment ; du reste Élie ne se vanta jamais. Il était au-dessus de ces petitesses. Il est pourtant sûr que le bienheureux « bénit tous ses fils », en la personne de frère Élie, ministre général de l'ordre.

jeune enfant[1]. Or donc, mes fils et frères, bénissez le Dieu des Cieux et devant tous proclamez sa grandeur, parce qu'il nous a comblés de sa miséricorde.

Conservez le souvenir de notre père et frère François : louange et gloire à lui qui vanta Dieu parmi les hommes et l'exalta en présence des anges. Priez pour lui, comme lui-même l'a demandé avant de mourir et priez-le pour que Dieu avec lui nous fasse participer à sa sainte grâce. Amen[2] !

---

1. Ces détails se trouvent répétés dans *I Cel.*, II, 9.
2. La lettre de frère Élie est ainsi close et parfaite et ne porte ni ajouts ni signature reconnue, selon l'usage latin qui porte le nom du mandataire au début avec ses salutations. Par ailleurs, on trouve dans les codes anciens une suite à cette lettre, avec la signature «*frater Helias peccator*», dans laquelle il reprend la première sur un ton plus sec. On ne peut exclure que ce soit une autre lettre envoyée à d'autres. De toute façon en voici la traduction : «Le quatrième jour du mois d'octobre, dimanche, à la première heure de la nuit précédente, notre père et frère François est retourné au Christ. Vous donc, très chers petits frères, à qui parviendra cette lettre, imitant le peuple israélite pleurant Moïse et Aaron, ses illustres chefs, donnez libre cours aux larmes [...]. Il est aussi juste pour nous de nous réjouir avec François que de pleurer François ; il est aussi juste de se réjouir avec François car il n'est pas mort, il s'est rendu dans les célestes demeures, portant avec lui un précieux trésor ; il est juste de pleurer François car il nous a quittés et est entré au Ciel, comme Aaron, en nous apportant de nouvelles et d'anciennes richesses et en nous consolant dans nos tribulations, il nous a été enlevé et maintenant nous sommes orphelins de père. Mais comme il est écrit : À toi appartient le pauvre abandonné, tu seras le soutien de l'orphelin. Très chers frères, priez tous avec ferveur parce que la coupe du témoignage s'est brisée dans la vallée des fils d'Adam : mais quel insigne potier se mettra à en préparer une autre encore plus digne, qui soit élevée au-dessus de la foule de notre nation, et qui nous précède comme un vrai Maccabée dans le combat : et puisque il n'est pas superflu de prier pour les morts, priez le Seigneur pour son âme : que les prêtres disent trois messes, les clercs les psaumes et les laïcs de solennelles vigiles en commun. *Amen Fratre Elia peccator*.» On peut facilement juger que cette lettre forme un tout complet dans sa concision. Elle n'a pas les élans et les effusions de la première ; elle semble plutôt une circulaire de bureau, avec ses prescriptions et son style officiel. Le fait qu'il ne s'y

Il ne peut y avoir deux interprétations de cette lettre : c'est une admirable effusion de regret et d'affection. À travers la rhétorique sonore de l'époque, apparaît, vivant et sincère, le sentiment, limpide et sainte, l'inspiration. La joie mystique du miracle s'y reflète avec une foi très élevée. Avec grande humilité, frère Élie s'appelle « Élie pécheur » ; une autre fois il s'appellera « Élie suppliant, *precantis Helias* » ; c'est une attitude spirituelle qu'il faut noter. Elle témoigne contre le péché d'orgueil reproché à cet homme[1].

Mais cette lettre est aussi un document diplomatique de premier ordre. Elle prépare admirablement le terrain pour la construction de la grande basilique qui devait perpétuer visiblement la gloire du *Poverello*.

Sabatier crie au scandale et dénonce cette nouvelle trahison de l'idéal franciscain, où frère Élie et le pontife sont comme toujours complices, comparant l'humble pauvreté de Saint-Damien à l'incomparable magnificence de la nouvelle basilique. Mais même ici, l'illustre biographe se trompe. Spirituellement on ne remarque

---

trouve aucune mention explicite des stigmates est caractéristique. On peut en déduire que cette lettre a été destinée aux frères des lieux voisins, alors que l'autre plus longue était adressée aux frères des provinces lointaines. De toute façon, l'authenticité de la première adressée à frère Grégoire est indubitable, mais rien ne s'oppose à l'authenticité de la seconde. Ce sont deux expressions différentes de la même douleur.

1. Lempp commente ainsi : « Personne, en lisant cette lettre, ne la prendra jamais pour la première effusion d'une grande douleur. On se rappelle qu'Élie était laïc et on est d'autant plus frappé de la forme soignée et de la profusion d'images et de tournures bibliques. Ce style officiel rappelle la curie et l'on croit avoir devant soi une bulle bien rédigée ; l'expression de la douleur disparaît sous les fleurs de rhétorique qui la revêtent. » Ce jugement prouve que soit Lempp n'a pas lu attentivement le texte ou bien qu'il n'a pas compris le latin. Élie était bien laïc, mais aussi homme d'Église et lettré, ayant fréquenté l'université de Bologne. Son style est celui des lettrés de l'époque, plein d'images et d'expressions bibliques. Mais la sincérité et l'émotion sont évidentes d'après la concision des phrases. Ici encore, Lempp s'est trompé.

aucun contraste entre les deux monuments. À Saint-Damien, la pauvreté est sanctifiée, dans la grande basilique d'Assise, la pauvreté est glorifiée ; mais dans les deux, l'idéal franciscain est exalté avec la même évidence. C'est ce que n'ont pas compris les humbles frères animés d'un zèle enflammé, qui crurent, hélas bien à tort, rester fidèles à la mémoire du *Poverello* en opposant la violence à la magnanime proposition de leur chef[1].

Frère Élie n'était pas seulement un grand politique ; il était aussi un grand artiste. Aujourd'hui l'Histoire lui attribue entièrement le plan, la réalisation et la décoration de la merveilleuse basilique, témoin irréfutable de son prodigieux génie[2].

1. L'idéal, pour se manifester, a besoin de la matière. Seuls peu d'élus peuvent être touchés par l'esprit pur, mais la médiocrité humaine s'émeut et s'exalte seulement pour ce qui frappe directement les sens. Même l'amour divin ne se manifeste par la pure contemplation que chez les saints ; pour la majorité des hommes il faut s'exprimer à travers églises et liturgies. Frère Élie était un grand politique, un grand homme d'action. Il a exprimé, pour la suite des générations, la sainteté du *Poverello* sous la forme d'une si parfaite splendeur qu'aujourd'hui encore elles dominent les âmes et les poussent à l'adoration. Édouard Schneider a donc justement noté : « Qui sait si, sans ce centre de l'universelle dévotion, le culte du *Poverello* aurait eu un si large rayonnement ? »

2. Ainsi en juge Golubovich, *Bibl. bio-bibl.*, p. 113, avec un juste discernement de la réalité. Même Lempp est catégorique quand il attribue à frère Élie le plan de l'extraordinaire cathédrale : « On attribuait jadis la construction de la merveilleuse église à un architecte allemand nommé Jacob ; c'est une pure légende, dont Thode a fait justice. De toute façon l'édifice n'a rien qui rappelle les monuments allemands de la même époque ; c'est vraiment l'œuvre du génie italien. Nous savons que Philippe de Campanello y travailla longtemps comme architecte, mais le plan général, la majestueuse unité de l'ensemble, l'imposante construction faite avec les meilleurs matériaux, l'admirable utilisation de la position dominante, tout cela est l'œuvre propre de frère Élie. C'est lui qui, triomphant de difficultés innombrables, sut terminer en un temps record ce gigantesque travail. » Sabatier à son tour ajoute : « Regardant ces deux églises superposées et ce couvent, considérant l'ensemble et les détails, la première impression est que le Moyen Âge ne nous a peut-être laissé aucune autre œuvre d'une si admirable unité. L'harmonie de l'ensemble est tel que les ajouts et les restaurations de six siècles n'ont pas réussi à la déranger. Je ne connais

Désormais dans son esprit s'élevait avec insistance la vision de l'extraordinaire monument qui, selon l'expression de Frédéric Ozanam, devait être « la tombe du *Poverello* et le berceau de la Renaissance ». Tous les efforts de frère Élie devaient nécessairement tendre à réaliser cette vision. Avec le peu de moyens dont il pouvait disposer, sa royale volonté réussit en peu de temps à réaliser cette superbe entreprise. Il a fait pour la gloire de l'idéal franciscain plus que tout autre, après le saint fondateur. La grande basilique d'Assise n'est pas riche d'or et d'argent, mais de beauté idéale. L'art y déploie tous ses trésors. C'est vraiment la sainteté du *Poverello* faite pierre et couleurs. Aucun lieu, après Saint-Damien, n'est aussi profondément franciscain. Pour s'en rendre compte, il suffit de la comparer avec l'immense édifice vieux de cinq cents ans qui renferme le joyau de la Portioncule.

Pendant qu'il tournait et retournait dans son esprit le grandiose projet artistique et en préparait le plan, frère Élie continuait à tenir d'une main ferme et sage les rênes de l'ordre. Il avait fixé au mois de mai 1227 le chapitre général pour élire le successeur du Père séraphique. La forte impulsion donnée par lui aux missions

---

aucun monument du Moyen Âge qui ait été exécuté avec tant de sûreté, sans doutes ni hésitations. On a dit que c'était une église gothique, dont le plan avait été conçu par un Allemand ; mais où trouverait-on dans tous les pays nordiques, une église aussi imposante, dont le plan primitif ait été exactement réalisé, dans laquelle l'artiste n'ait cédé à aucune tentation d'agrandir et d'embellir son œuvre ? Élie en a été certainement le véritable architecte. » Frère Marian de Florence avait même d'abord noté : « *Helias de Cortona, frater Minor, in ipsa arte* [l'architecture] *famosus, mirabilem ecclesiam cum conventu sancti Francisci de Assisio et de Cortona extruxit ac arces plurimas et fortalitia per regnum Siciliæ, ab rogatu Friderici Imperatoris.* » Sabatier, dans les *Écrits inédits* publiés par Goffin (p. 31), manifeste encore son admiration avec un langage exalté : « Le culte de frère Élie pour Assise lui fit oublier le vœu de pauvreté ; et il fit surgir de terre, comme par enchantement, sur un abîme, une basilique qui a défié les siècles. Le Seigneur, qui a tant aimé cette parcelle de terre Ombrienne et a été si prodigue de dons pour elle, se montrera indulgent pour le frère de génie qui a fait resplendir la beauté sur la colline sacrée comme remerciement de la terre à Dieu. »

continuait avec la mission de frère Daniel au Maroc, conclue par le martyre en octobre de la même année[1]. Le 17 mars 1227, le cardinal Hugolin, à la mort d'Honorius, fut élu au pontificat sous le nom de Grégoire IX. Le premier souci du nouveau pape fut la croisade, qui devait venger la honte subie par l'armée chrétienne en 1221, dans la fameuse plaine de la Mansourah. L'armée réunie par Frédéric II dans les Pouilles était prête à partir quand la peste se répandit dans le camp, fauchant de nombreuses vies. Mais le pontife insistait avec énergie ; dans le langage fleuri de l'époque, il exhortait l'empereur à s'embarquer : « Le Seigneur vous a placé en ce monde comme un chérubin armé d'une épée tournoyante pour montrer à ceux qui sont perdus le chemin de l'arbre de vie. » Ce chemin était celui de la Terre sainte. Le landgrave de Thuringe et de nombreux seigneurs allemands étaient morts quand Frédéric II ordonna le départ. Mais à peine en mer, une furieuse tempête assaillit la flotte chrétienne et l'empereur lui-même tomba malade ; du coup, fatigué avant même d'avoir navigué, Frédéric II retourna en arrière et débarqua à Otrante.

À l'annonce de ce retour inattendu, Grégoire IX, sourd à toute justification, lança de la commune d'Anagni l'anathème contre Frédéric II. Toutes les tentatives de conciliation ayant échoué, l'empereur se défendit en accusant le pape d'arrogance et d'avidité, lui reprochant d'« envoyer partout des légats, avec autorité de punir, de suspendre et d'excommunier, non pas avec l'intention de répandre la parole divine, mais pour amasser de l'argent et récolter ce qu'ils n'avaient pas semé ».

1. « *A. D. 1227 frater Helias concessit licentiam fratri Danieli, qui fuerat Minister Calabriæ, fratri Agnello, fratri Samueli, fratri Donulo, fratri Leoni, fratri Nicolao et fratri Hugolino, fervore martyrii inflammatis, ut irent Marochium ad partes infedelium ut ibi semen spargerent catholicæ veritatis* » (*Cron. Gén. Min.*, in *Analecta Franc.*, t. III, p. 32). Ils furent décapités à la fin de l'année ; mais le grain de leur semis donna ensuite le fruit espéré, puisqu'il fut accordé aux Frères mineurs de construire une église au Maroc et d'y prêcher librement leur foi.

S'alluma ainsi une guerre funeste qui, pendant presque un demi-siècle, tiendrait la chrétienté divisée.

Pendant ce temps, le processus de canonisation du *Poverello* se poursuivait activement, n'ayant qu'à confirmer ce qui était la conviction de tous. Le cardinal Ranieri Capocci, nommé protecteur de l'ordre, en suivait le déroulement avec une ferveur dévote. Le projet de la basilique qui devait conserver le corps du saint en venait à prendre une importance particulière. Il devint le souci principal de frère Élie.

Ami et fiduciaire du pape, ami et vicaire du saint fondateur, frère Élie dominait l'ordre avec une autorité indiscutée. Les conflits autour de l'édification de la basilique n'avaient pas encore surgi et du reste ne surgirent jamais. Frère Léon, qui dans les *Légendes* apparaît comme l'adversaire le plus acharné de la construction, fut enseveli justement dans la basilique qui était un projet unanimement accepté. Les oppositions furent essentiellement relatives au couvent, dont la grandeur sembla une offense à la pauvreté franciscaine. Mais outre que le couvent primitif était beaucoup plus modeste que l'actuel, sans les ajouts qui y furent faits ensuite par les rois et les papes, il devait servir de résidence au pape et à sa cour quand ceux-ci s'arrêteraient à Assise. Il ne pouvait être réduit à un groupe de cabanes, comme le lieu autour de la Portioncule. Même le service de la basilique aurait exigé un certain nombre de religieux vivant en commun. Il fallait leur préparer une demeure adéquate. Saint-Damien était bien une construction de pierre entourée de murs ; ce n'était pas un scandale que soit édifiée, pour la conservation de la tombe du saint, une construction en pierre entourée de murs.

Le chapitre de Pentecôte de 1227 se déroula sans conflits, dans le souvenir ému du *Poverello*. Frère Jean Parenti, provincial d'Espagne, homme saint et d'une humilité exemplaire, fut élu général de l'ordre[1]. Ce ne fut pas une disgrâce pour frère Élie, mais

1. Les anciennes sources rappellent la singulière circonstance qui décida Jean Parenti à entrer dans l'ordre. Il était jurisconsulte et juge à Civita Cas-

l'accomplissement d'un vif désir. Il était fatigué; sa santé déclinait. Il voulait se consacrer complètement aux travaux de la basilique; il ne pouvait assumer aussi la charge de l'ordre. Frère Élie montra toujours une parfaite conscience de ses responsabilités. S'il acceptait une charge, il y investissait toutes ses forces et toute son activité. Il ne fut jamais l'homme des moyens termes. C'est pourquoi il est permis de conclure que l'élection de Jean Parenti advint avec le plein accord de frère Élie et l'approbation du pape; ce fut une libération et non un malheur pour l'architecte de la basilique[1].

---

tellana. Un jour il vit un porcher se tourmenter parce qu'il n'arrivait pas à faire rentrer ses bêtes dans la porcherie. Alors un de ses compagnons dit: « Porcs, porcs, entrez dans l'étable, comme les jurisconsultes et les juges entrent en Enfer. » Aussitôt le troupeau de porcs obéit sans hésiter. Après cela, frappé de sainte frayeur, Jean Parenti entra dans l'ordre des Mineurs avec son fils (*Analecta Franc.*, t. III, p. 210).

1. Lempp, se fondant sur le récit anachronique et imaginaire du *Speculum Vitæ*, compose un roman où la légèreté se joint à l'imprudence pour fausser la réalité historique. Un tel manque de sens historique semble incroyable chez un historien! En mai 1227, la basilique était encore seulement dans l'esprit de frère Élie. La donation du terrain intervint *huit mois* plus tard. Il ne pouvait donc pas y avoir un tronc pour les dons en argent et frère Léon ne pouvait casser ce tronc qui n'existait pas; et d'autant moins frère Élie pouvait-il faire bâtonner et chasser d'Assise Léon et ses compagnons, qui n'étaient pas en faute. Du reste, frère Élie ne séjournait pas dans la ville, mais à la Portioncule, avec les frères. Lempp écrit: « Élie avait fait annoncer que le chapitre de la Pentecôte aurait à procéder à l'élection du général; mais l'idée qu'il pourrait n'être pas nommé ne lui était sans doute même pas venue. » En revanche, frère Élie lui-même avait l'idée de ne pas être réélu et convoquait le chapitre pour qu'il élût son successeur. Le père Irénée Affò, si supérieur à Lempp par son sens critique aigu, n'accorde aucun poids à ces absurdes racontars. Avec une grande sagacité, il écrit: « En se retrouvant en Italie, Luc, évêque de Tuy en Galicie connu sous le nom de Lucas le Tudense, signa l'amnistie avec frère Élie, reconnu par ce prélat pour un homme de mœurs très saintes: *vivo sanctissimi fratre Helia successore beatissimi Patris Francisci*. C'est par ce premier traité de l'époque où il dirigeait l'ordre, qu'il se montra très droit et très saint, comme le reconnaît le prélat. C'est pourquoi si jusqu'alors il avait persécuté les bons et saints frères, comme certains

Dégagé des soucis de l'ordre, frère Élie put consacrer toute son énergie et toutes les ressources de son sublime génie à la grande entreprise. Un autre frère collaborait avec lui : Philippe de Campiello, et un maître de Comacina nommé Lapo ou Jacopo[1]. La préparation des plans devait occuper toute l'année ; si bien que le 29 mars de l'année suivante (1228) il put signer l'acte de donation du terrain. Frère Élie y apparaît comme l'homme de confiance du pape : « Simon de Pucciarello donne, cède concède, attribue et donne à frère Élie, qui le reçoit pour le compte de Monseigneur le pape Grégoire IX, une parcelle de terrain […] pour en faire un oratoire ou une église pour le corps très saint de saint François ou tout autre usage à son gré ». Frère Élie est nommé deux fois dans ce document, et chaque fois il est nommé frère Élie avec la mention : *recipienti pro domino Papa Nono Gregorio*[2]. Il est intéressant de relever que d'ores et déjà s'est répan-

---

le prétendirent, et si pour la première fois tous ont été d'accord avec le pape pour le démettre, son élection formelle ne se serait jamais produite après celle de Parenti, comme le souligne finement l'auteur de la *Chronica XV Generalium* : « *Sed tunc est dubium quomodo iterum idem Papa ipsum restituisset, si ipsum tamquam destructorem Ordinis cum talibus suspiriis amoreveret.* »

1. Père Jérôme Golubovich, *Biblioteca bio-bibliografica*, *op. cit.*, t. I, p. 113.

2. Voici le texte précis de l'acte de donation : « *In Dei nomine. Amen. Millesimo CC. XX. VIII, indictione prima, IV Kalendas Aprilis, Gregorio Papa IX et Friderico Imperatore existentibis, dedit, tradidit, cessit, delegavit et donavit simpliciter et irrevocabiliter inter vivos Simon Puzarelli fratri Heliæ recipienti pro domino Gregorio Papa IX petiam unam terræ positam in vocabulo Collis Inferni in comitatu Assisiensi cui I et II via, III ecclesia sanctæ Agatæ, IV filiorum Bonomi, vel si qui alii sunt confines, cum introitu et esitu suo et cum omnibus quæ supra se et infra se habet in integrum et cum omni jure et actione usus eu requisitione sibi de ipas re competenti, ad habendum, tenendum, possidendum, faciendum omnes utilitates et usus fratrum in ea, videlicet locum oratorium vel ecclesiam pro beatissimo corpore sancti Francisci vel quicquid ei de ipsa re placuerit et in perpetuum, quam rem se suo nomine constituit possidere donec corporaliter intraverit possessionem, in quam entrandi licentiam sua auctoritate concessit promittens non dedisse jus vel actionem de ea alicui. Quod si apparuerit eum dedisse promisit defendere suis pignoribus et expensis renuntiando juri*

due dans le peuple la certitude de la prochaine canonisation. Et de déduire que d'ores et déjà il a été décidé de poser la première pierre de la nouvelle basilique à l'occasion de cette solennelle cérémonie. Le terrain choisi pour la construction était situé à l'extrémité occidentale d'Assise, sur une colline taillée à pic du côté qui fait face à Pérouse et appelée colline inférieure ou colline de l'Enfer[1].

Un mois plus tard, le 29 avril 1228, Grégoire IX promulgue la bulle *Recolens qualiter* pour annoncer la construction de la nouvelle église en l'honneur de saint François[2]. Tous les fidèles sont exhortés à y contribuer par des dons moyennant une indulgence de quarante jours. Le Saint-Siège assumait officiellement la possession de la basilique.

À ce moment, dans l'ordre franciscain, Élie est un frère comme les autres. Son ascendant est encore très grand, mais il

---

ptaronatus omnique auxilio legumi ipsi competenti vel competituro. Et promisit per se et suos hæredes dicto fratri Heliæ recipienti pro domino nono Gregorio non facere vel fecisse, sed defendere dictam rem ab omni litigante persona omni tempore suis pignoribus et expensis in curia vel extra sub poena dupli ipsius rei habita compensatione meliorationis et existimationis qua soluta vel non hoc totum semper sit firmum. Factum in domo dicti Simonis, præsentibus et vocatis testibus domino Guidone judice communis Assisiensis, Pietro Tebaldi, Sommo Gregori, Petro Capitaniæ, Tiberio Petri Andreæ Agrestoli, Jacopo Bartoli, Ego Paulus notarius rogatus his interfui et subscripsi et authenticavi» (Archives du Sacro Convento d'Assise, fasc. II, doc. I).

1. Une légende sans intérêt veut que cet endroit ait été la place de l'échafaud et s'appelait *colline de l'Enfer*: les damnés y mouraient. Quand le corps de saint François y fut placé, il devint la *colline du Paradis*. Le père Beda Kleinschmidt o.f.m., dans son livre classique *La basilique saint François à Assise* (Kunstwissenschaft, Berlin, 1915, t. I, p. 8), démontre par de solides arguments que cette colline s'appelait *Collis Inferni* ou *inferius* simplement à cause de sa position topographique par opposition à la colline plus haute où s'élevait le château. Le nom s'adapte pleinement à l'idéal d'humilité de l'ordre franciscain: la colline plus petite en face de la plus grande.

2. «*Dignum providimus et conveniens ut pro ipsius patris reverentia specialis ædificetur ecclesia, in qua ejus corpus debeat conservari.*»

ne peut rien sans la permission du ministre général. Si donc Élie peut envoyer dans les provinces des frères munis de la bulle pontificale pour recueillir les dons en faveur de la basilique; il doit l'avoir fait avec l'accord du général. De toute façon, il œuvrait pour le compte de l'Église, et non pour le compte de l'ordre[1]. Il œuvrait donc légitimement.

Pendant ce temps, une émeute, fomentée par l'empereur Frédéric II, avait obligé le pontife à quitter précipitamment Rome avec toute sa suite. Par Rieti et Spolète, Grégoire IX vint à Assise. Sa première visite fut pour sainte Claire et ses sœurs recluses à Saint-Damien. Thomas de Celano relate la rencontre en termes plus fleuris que sa rhétorique habituelle. Avec le même lyrisme est racontée l'entrée triomphale du pape à Assise. Dans une allégresse exaltée, le peuple attendait la canonisation de son saint.

Elle eut lieu solennellement le dimanche 16 juin 1228 dans l'église Saint-Georges, au milieu d'une affluence extraordinaire. Le pape en personne fit le panégyrique de saint François sur le texte de l'Ecclésiastique: « Comme étoile du matin entre les nuées, comme lune pleine dans sa plus grande splendeur, comme soleil à midi, c'est ainsi qu'il a brillé dans la maison du Seigneur. » La fête du nouveau saint fut fixée au 4 octobre, anniversaire de sa mort[2].

1. Le *Speculum Vitæ* écrit sans équivoque: « *Pro fabrica vero ejusdem Ecclesiæ frater Helias variis modis coepit pecunias extorquere. Nam primus pecuniarias collectas indixit provinciis pro eodem opere consumando.* » Justement Azzoguidi conteste que « *haud sane pauperibus et mendicis fratribus, qui nihil tunc possidebant, collectas imposuit, sed veras indulgentias per eos promulgari et fidelium oblationes juxta Summi Pontificis voluntatem in opere dignissimo curavit impendere* ».

2. La canonisation fut divulguée par la bulle *Mira circa nos* du 19 juillet 1228; une seconde bulle du 21 février suivant, *Sicut phialæ aureæ*, adressée à tous les archevêques, évêques, abbés, prieurs, archprêtres, archidiacres, doyens et autres prélats prescrit le culte du *Poverello* dans tout le monde chrétien. C'était aussi la consécration dans ce monde de l'ordre qu'il avait fondé.

Le jour suivant, avec la même solennité et la même participation des prélats et du peuple, Grégoire IX posa la première pierre de la nouvelle basilique destinée à conserver le corps du saint. Depuis ce moment, le lieu prit le nom de colline du Paradis, et le pape en assuma publiquement la propriété au nom de l'Église. L'achèvement de l'édifice devint la préoccupation constante du Saint-Siège[1].

Tout cela arriva non seulement dans la pleine concorde, mais aussi dans la pleine exultation de tous les frères. Jean Parenti et frère Élie intervinrent dans cette solennité avec une égale émotion. La gloire du bienheureux glorifiait aussi ses fils. L'ordre des Mineurs, en la personne de son fondateur, entrait dans l'Église triomphante. Tous les frères sentirent qu'ils participaient au triomphe. Les légendes sont unanimes sur ce point. Elles reflètent l'unanimité du consensus. En fait foi la *Vita prima di San Francesco*, écrite à cette époque par frère Thomas de Celano et approuvée par Grégoire IX le 25 février 1229. Elle est tout entière idyllique. Dans l'amour du bienheureux, le sentiment des fils est fraternel et unanime[2].

---

1. Cette prise de possession officielle advient avec la bulle *Recolentes qualiter* du 22 octobre 1229 où l'Église déclare la basilique en construction propriété apostolique, en la mettant sous l'immédiate tutelle du Saint-Siège : *statuantes ut prædicta ecclesia sit omnino libera et nulli alii quam Apostolicæ Sedi subjecta.* Dans la bulle *Speravimus hactenus* du 16 juin 1230, Grégoire IX affirme explicitement : « *Cum enim beatum Franciscum glorificatum in coelis clarificantem in terris adscripserimus catalogo Confessorum et in honorem ejus ecclesiam fundari volentes, de manibus nostris lapide ibi primario posito, ipsam duxerimus eximendam.* »

2. Lempp, avec une incompréhension obstinée, continue à argumenter sur des conflits qui jusque-là n'existent pas. Il affirme sans fondement : « Les zélateurs étaient impuissants devant de pareils faits. Le *Miroir de Perfection* avait bien pu faire impression çà et là, il était resté sans effet sur le pape [...]. La *Légende* de Thomas de Celano fut approuvée par le pape ; c'était par contre coup la condamnation de l'œuvre de Léon. » ces affirmations sont fumeuses. Après avoir affirmé que le *Miroir* eut une aussi profonde résonance dans le chapitre de 1227 pour déterminer la chute de frère Élie,

Frère Élie put donc, sans aucune opposition, presser activement les travaux de la basilique. Son génie et sa ténacité triomphèrent de tous les obstacles. Aucun document n'atteste la grandeur de l'effort déployé. L'acharnement avec lequel fut persécutée par la suite la mémoire de frère Élie a détruit tous les documents qui se réfèrent à lui[1], et il y a certainement des documents qui attestent la force de son esprit et sa prodigieuse activité. Mais là où les écrits font défaut, reste la pierre, témoin indestructible. À l'été 1230, l'église inférieure était déjà finie ainsi que la majeure partie du couvent, dans ses modestes proportions primitives.

Pendant ce temps le conflit entre l'Église et l'empire prenait des proportions tragiques. L'empereur d'Occident était considéré par les infidèles comme le chef de toutes les nations chrétiennes. La crainte d'un tel ennemi avait ébranlé les chefs sarrasins. Le sultan d'Égypte, le magnanime et prudent Malek-el-Kamel, l'ami de saint François, envoya des ambassadeurs à Frédéric II pour solliciter son amitié, se déclarant prêt à lui céder le royaume de Jérusalem.

Cela décida Frédéric II à la croisade. Mais le pape interdit le départ, considérant comme un scandale la conquête du Saint-Sépulcre grâce à un prince excommunié. Frédéric II ne se soucia pas de l'interdiction, après de si vives exhortations, et partit en juin 1228, laissant comme lieutenant en Italie le duc de Spolète.

Grégoire IX était à Assise pour la canonisation de saint François quand lui parvint la nouvelle du départ impérial. Aux hymnes d'exaltation et de jubilation pour la glorification du *Poverello* succédèrent les malédictions que le pontife prononça contre Frédéric II du haut de l'autel. Deux frères mineurs furent envoyés immédiatement en Palestine pour informer les

maintenant il se contredit en affirmant qu'il a fait à peine impression « çà et là », sans conséquence. Voilà ce qu'est généralement le sérieux de Lempp.

1. Dans la même bibliothèque du Sacro Convento d'Assise, on trouve encore d'anciens ouvrages où manquent les pages qui se rapportent à frère Élie, arrachées par un ignorant fanatique.

populations de l'excommunication lancée contre Frédéric II et susciter contre lui la haine des chrétiens.

L'empereur était arrivé en Terre sainte avec le prestige de sa haute dignité et la réputation de sa puissance. Malek-el-Kamel avait déjà donné, dans la guerre précédente, des preuves insignes de sa modération, en sauvant de l'extermination l'armée défaite de Jean de Brienne. Il était aussi poète et érudit ; et l'émir Fakhr-Eddin, envoyé par lui auprès de Frédéric II, avait une haute réputation de sagesse et d'érudition. Dans les fréquentes réunions qui eurent lieu entre chrétiens et musulmans, on discutait de la géométrie euclidienne, des aphorismes d'Averroès et de la philosophie d'Aristote bien plus que de politique et de religion. Souvent Frédéric envoya au sultan du Caire des problèmes de géométrie et de philosophie à résoudre, tandis que ce dernier proposait à l'empereur des problèmes scientifiques.

Les deux frères arrivèrent en Palestine au moment le plus délicat des tractations. L'ordre franciscain était largement répandu et vénéré dans le camp chrétien. Tout d'un coup, l'empereur se trouva abandonné de tous, avec sa seule garde allemande pour défense. Les Templiers allèrent jusqu'à avertir les infidèles pour les inciter à tendre une embuscade et tuer l'empereur ; mais le magnanime sultan, horrifié par cette trahison, envoya la lettre des Templiers à l'empereur. Pour Frédéric II, c'était un avertissement solennel.

De son côté, Malek-el-Kamel était menacé par sa suite pour ses rapports sacrilèges avec les chrétiens. Une conclusion était urgente. Fut signée dans ces conditions, le 20 février 1229, une trêve de dix ans, cinq mois et quarante jours. Le sultan cédait à Frédéric II le royaume de Jérusalem, avec Bethléem et tous les villages situés le long du rivage de Jaffa à Tolemaide ; les musulmans conservaient dans la Ville sainte la mosquée d'Omar et le libre exercice de leur religion.

Cette paix, due au mérite de deux esprits supérieurs, fut accueillie avec la même hostilité dans les deux camps, où elle fut considérée comme impie et sacrilège. Les musulmans pleurèrent la perte de Jérusalem ; et alors que l'empereur faisait son entrée dans la Ville sainte, l'archevêque de Césarée lança l'interdit sur la cité et particulièrement sur le Saint-Sépulcre, « jetant ainsi l'anathème, au lieu de la bénédiction, sur la restauration du royaume chrétien ». L'empereur, une fois le clerc éloigné, fut couronné par ses guerriers roi de Jérusalem dans l'église du Saint-Sépulcre. Il écrivit à tous les princes chrétiens pour vanter son action qui, sans effusion de sang chrétien et sans violence, avait réalisé miraculeusement en peu de jours le projet pour lequel tant de puissants et valeureux guerriers avaient lutté en vain.

Le pape maudit la conquête et traita l'empereur de bandit. Il leva une armée et, en ayant confié le commandement au roi Jean de Brienne, il envahit les États de Frédéric. Appelé d'urgence en Italie, Frédéric II quitta la Palestine sans même avoir procédé aux fortifications de Jérusalem ; et avec son armée, il partit à la reconquête de ses terres, qu'il occupa rapidement après avoir vaincu l'armée de Brienne, menaçant donc le territoire de l'Église.

Devant ces événements, le pape sollicita l'aide de tous les princes chrétiens, jusqu'au Danemark, pour réveiller l'ancienne haine contre l'empereur allemand. En même temps, confirmant l'excommunication contre Frédéric II, il détachait ses sujets de leur serment de fidélité. C'était l'extrême sanction dont disposait l'Église contre ceux qui étaient rebelles à ses lois[1].

---

1. La bulle d'excommunication est du 20 août 1229. Les canons de l'Église et la tradition du Saint-Siège reconnaissent trois degrés dans les sentences d'excommunication, comme pour laisser aux coupables le temps de se repentir et de retourner dans le sein de l'Église avant d'en avoir éprouvé toutes les rigueurs. Le premier degré comprenait l'excommunication simple, et privait seulement le coupable du droit de participer à toute cérémonie de l'Église. Cette première sentence frappa Frédéric II en 1227 alors que, malade, il embarqua à Otrante en abandonnant la Terre sainte. Le second degré portait avec lui l'interdit des églises de tous les lieux où l'excommunié se trouvait. C'est la sanction qui frappa Frédéric en Terre sainte. Le troisième degré frappait d'interdit tous les lieux qui reconnaissaient la puissance de

Les préoccupations politiques ne détournaient pas le pontife de la pensée de la basilique d'Assise. Informé de l'heureux déroulement des travaux, Grégoire IX, par la bulle *Is qui Ecclesiam* du 22 avril 1230 déclara la nouvelle église *caput* et *mater* de l'ordre tout entier, en lui conférant de précieux privilèges[1].

Fut fixée au 25 mai suivant la solennelle translation du corps de saint François de l'église Saint-Georges à la nouvelle basilique. Empêché par les tourmentes politiques d'assister à la cérémonie, le pape se fit représenter par trois légats, qui portèrent à la tombe du *Poverello* des dons somptueux : une croix d'or ornée de pierres et contenant un fragment du bois sacré ; des vases d'or et d'argent, de précieux vêtements sacerdotaux, un cadre d'autel en or incrusté de pierres précieuses et une grosse somme d'argent pour l'achèvement de la construction[2].

La bulle *Mirificans misericordias* (16 mai 1230) est encore un hymne que le pontife adresse à la mémoire de l'admirable ami :

> Au milieu des tribulations qui nous pressent, nous avons un vrai motif de nous réjouir et de rendre grâce à Dieu, en pensant à la gloire accordée au bienheureux François, notre père et le vôtre, et peut-être plus de nous

l'excommunié et excluait de l'Église tous ceux qui lui restaient fidèles.

1. L'église ne pouvait jamais être frappée d'interdit et en temps d'interdit général, il était accordé d'y célébrer les offices à portes closes ; les ordinations et les sacrements y étaient considérés comme des contributions ; les ordinations y pouvaient être conférées par un évêque qui n'était pas du diocèse ; enfin le couvent était déclaré inviolable. La bulle à en-tête : *Ministro Ordinis Fr. Minorum ejusque fratribus morantibus apud ecclesiam b. Francisci in loco qui dicitur colles Paradisi* (Sbaralea, *Bull. Franc.*, I, p. 60, n. 49) n'est pas adressée à frère Élie, mais à Jean Parenti, alors ministre de l'ordre. C'est un signe de l'accord général existant alors entre les frères, comme la grande affluence des frères à la cérémonie de la translation.

2. Bernard de Besse, *Catal. Min. Gen.*, Éd. Felder, p. 79-80, *Analecta Franc.*, t. III, p. 212. Le vieil analyste ajoute : *Ecclesiam vero ipsam in qua primum lapidem fundamenti ipse (Papa) posuerat, ab omnis jurisdictione inferiori apostolica auctoritate exemit.*

> que de vous tous [...]. C'est pourquoi nous nous sentons toujours plus enclins à publier les louanges de ce grand saint, persuadés que, de même qu'il nous porta une très tendre affection dans le monde où il vécut comme en dehors du monde, il nous veut aimer encore plus maintenant qu'il se trouve uni à Jésus-Christ, qui est infini amour, et qu'il veut continuer à intercéder pour nous. Et nous espérons que vous, entraînés par lui vers ce Christ et laissés héritiers du trésor de son extrême pauvreté, vous que nous aimons de tout cœur avec le vif désir de procurer le plus grand bien de votre ordre, nous espérons que vous voudrez adresser au ciel vos prières et nous obtenir de Dieu que les présentes tribulations servent à notre salut[1].

Un chapitre général de l'ordre fut convoqué, auquel assistèrent un nombre considérable de frères et de gens, à tel point que la cité ne suffit pas à les contenir et que beaucoup durent séjourner dans les environs[2]. La ferveur mystique de la foule était à son comble. Les légats du pape avaient divulgué un nouveau miracle opéré par saint François par lequel un mort était ressuscité[3]. Il y avait chez tous le désir irrésistible de voir la précieuse dépouille, de contempler le miracle qui l'avait rendue semblable à la dépouille du Seigneur ; et chez beaucoup il y avait l'espoir de pouvoir en emporter quelque relique dispensatrice de grâces et de bienfaits.

La translation eut lieu très solennellement au jour fixé[4]. Au son des trompettes et des cantiques se déroula la magnifique

1. Sbaralea, *Bull. Franc.*, *op. cit.*, vol. I, p. 64-65.
2. *Analecta Franc.*, t. III, p. 212 : « *Tanta fuit ex vicinis urbibus multitudo congregata ut, civitate illos capere non valente, per campos gregum more accumberent.* »
3. « *Ibidem, [...] et de quodam mortuo per beatum Franciscum resuscitato eos reddidit certiores.* »
4. Saint Bonaventure, *Lég. Maj.*, chap. XIV, 8. Encore une fois Lempp se trompe, pour vouloir donner, coûte que coûte au récit du *Speculum Vitæ* une valeur qu'il n'a pas. Les anciennes sources sont explicites, et toutes

procession. Le grand coffre de bois qui renfermait le sarcophage de pierre contenant le corps sacré, protégé par une armature de fer, reposait sur un très riche carrosse admirablement orné, qui, étant donné l'énorme masse, était attelé à des paires de bœufs recouverts de pourpre[1]. Pour garder ce précieux trésor, le maire d'Assise avait placé une nombreuse escorte armée pour veiller à ce qu'il n'y eût ni attaque ni signe de piété incongrue de la part de la foule enthousiaste[2].

Le corps devait être exposé à la vénération des fidèles accourus de toutes parts[3]. Mais l'attente de la foule fut totalement déçue. Frère Élie, en accord avec le maire d'Assise qui y employa les hommes d'armes de la mairie, fit repousser violemment la foule quand le corps arriva à la porte de la basilique et introduisit secrètement la dépouille enfermée dans l'arche de pierre monumentale préparée à cet usage[4].

---

concordent. La translation fut solennelle et se déroula dans l'ordre le plus parfait jusqu'au bout.

1. De l'église Saint-Georges, le sarcophage de granit fut transporté, enfermé dans sa cage de fer, comme on le voit encore aujourd'hui dans la crypte où il est conservé. Cela explique la nécessité de la voiture robuste et des nombreux hommes de main pour son transport.

2. Registre de Grégoire IX, n. 28, Bibl. Vaticana.

3. La bulle *Speravimus hactenus* du 16 juin 1230 accuse les habitants d'Assise de ne pas avoir manifesté la vénération due au saint.

4. D'après la *Chronique des XXIV Généraux*, frère Élie aurait fait opérer la translation en secret. Des différents récits, on peut conclure qu'Élie ne se mêla pas de la cérémonie, qui relevait du ministre général de l'ordre, selon la Règle du pontife. Elle fut solennelle et tout le peuple put y prendre part. Frère Salimbene rappelle le miracle de frère Jacob d'Isée, qui, ayant touché l'urne contenant le corps sacré, fut guéri d'une fracture des membres qui remontait à son enfance dans la maison paternelle ; le chroniqueur ajoute que de nombreux miracles arrivèrent ce jour-là. Le peuple put donc vénérer la dépouille pendant tout le trajet, contenu tout de même par les gendarmes de la mairie et contraint à une rigoureuse discipline pendant toute la cérémonie. Les autorités communales d'Assise réussirent donc à assurer la translation du corps sain et sauf jusqu'à la porte de la basilique. C'est seulement

De fortes raisons doivent avoir conduit frère Élie à prendre cette mesure, dont il savait bien à quel point elle allait déplaire à tous. Le *Speculum Vitæ* l'attribue à une crainte humaine *humano timore ductus*. La crainte n'était pas infondée, vu le nombre et l'exaltation de la foule. Le moindre excès de délire mystique aurait suffi à compromettre l'intégrité du corps sacré[1]. Frère Élie voulait que la miraculeuse relique demeurât intacte et pour toujours en sécurité dans l'inviolable tombe[2].

---

là qu'intervint frère Élie, gardien de l'édifice. La responsabilité lui incombait de faire parvenir le dépôt sacré intact dans la crypte qu'il avait préparée. La foule exaltée des frères, hors de la juridiction du Maire, devint incontrôlable, considérant que, une fois dans sa maison, la relique lui appartenait de droit. L'intervention de frère Élie déçut cette attente. Avec quelques fidèles, il fit fermer violemment la porte, renvoyant ainsi la foule aux forces de police, pour pouvoir procéder en toute sûreté au placement du corps dans la tombe. Pour Harold E. Goad, il a ainsi fait pour toujours d'Assise le centre du mouvement franciscain.

1. La passion des reliques était générale au Moyen Âge et justifiait les plus violentes profanations. Le peuple en délire coupa les seins de sainte Élisabeth ; se battit autour du corps de saint Antoine de Padoue. Frère Salimbene, se glorifiant d'avoir apporté à Parme les os du bienheureux Élisée, note : « Mais je n'ai pu avoir sa tête car les Érémitiques l'avaient enlevée et emportée. » Lempp souligne que le trafic des reliques de saint François avait déjà commencé.

2. Lempp affirme avec légèreté : « Le corps du saint disparut et le lieu de sa sépulture fut tenu soigneusement caché. Peut-être aussi frère Élie était-il irrité de n'avoir pas été désigné par le pape pour opérer la translation et de voir ce soin confié à Jean Parenti. » Élie avait l'âme trop haute pour s'abaisser à une telle mesquinerie. Il faisait son devoir avec dignité sans empiéter sur la charge de son supérieur. Le corps fut gardé et non caché. C'était un secret, non un mystère. Il suffit de regarder le fameux sceau de frère Élie, qui existait encore peu après sa mort, et dont est restée une empreinte en cire, pour voir distinctement les deux églises supérieures et la tombe au-dessous, avec l'image de saint François nettement visible. Jusqu'à aujourd'hui, le couvent a la fonction, entre autres, de *Garde des clés de la tombe*, ce qui montre qu'elle était autrefois accessible. Mais en 1442, les Pérugins alliés du pape Eugène IV, guidés par le fameux *condottiere* ombrien Niccolò Picci-

Le scandale fut énorme. Glassberger estime à dix mille le nombre des frères intervenus dans la translation. Dans la multitude enflammée, le mépris et l'irritation furent incontrôlables. De très violentes accusations furent lancées contre frère Élie et les autorités municipales : frère Élie avait outrepassé ses attributions, en refusant l'entrée de la basilique aux frères ; le maire d'Assise s'était rendu coupable de profanation en usurpant un ministère sacré. La bulle *Speravimus hactenus* du 16 juin 1230, résume de façon vibrante les protestations[1].

Les sanctions furent très graves et frappèrent à la fois la cité et la basilique. En ce qui concerne le maire, le conseil et le peuple d'Assise, le pontife ordonna qu'ils soient punis par les évêques de Pérouse et de Spolète, à qui la bulle est adressée, s'ils ne parvenaient pas à calmer l'esprit irrité du pontife lui-même : « *Fraternitate vestræ per apostolica scripta mandamus, quatenus si Potestas, Consilium et populus prædicti præceptum nostrum neglexerint adimpieri, vos in Potestatem et Consilium excommunicationis et in terram interdicti sententias, appellatione postposita, promulgantes faciatis eas usque ad satisfactionem consignam inviolabiter observari.* » En ce qui concerne la basilique, le pontife décrète : « *Ceterum ut sciant (Assisiates) quam graviter Nos, immo Dominum*

nino, prirent et saccagèrent Assise, sans trop de dommage pour la basilique et le couvent. Mais les Pérugins saisirent l'occasion de demander au pape de pouvoir transporter la tombe de saint François à Pérouse. Le pape gagna du temps et finit par faire taire cette requête incongrue. Mais le danger avait été grand et les habitants d'Assise y parèrent pour l'avenir en rendant la tombe inaccessible. La tombe fut rouverte pour la visite de Nicolas V, successeur d'Eugène IV, puis pour Sixte IV della Rovere, jusqu'à ce qu'un décret solennel de Paul V en interdise l'accès. Finalement, en 1818, Pie VII nomma une commission d'évêques et d'experts pour rouvrir la tombe. On retrouva l'ancienne sépulture de pierre dans son coffrage de fer et le squelette intact. Aujourd'hui la tombe est ouverte à la dévotion des fidèles et, dans la crypte, on y a joint les dépouilles de quatre compagnons : Léon, Massée, Rufin et Ange Tancredi, fidèles jusqu'à la mort.

1. Cf. note 3, p. 119.

offenderunt, auctoritatem Nobis in Sancto prædicto volentes adimere, Nos prædictam Ecclesiam, quam exemimus, Episcopi et Capituli Assisiatis subjicimus ditioni, prohibentes ut ibi de cetero nullatenus generale Capitulum celebretur, nec aliqui de fratribus commorentur, et locum supponimus ecclesiastico interdicto, donec Nobis de tanta injuria satisfiat[1]. »

Aucun document précis n'atteste de quelle façon fut apaisé l'esprit du pontife. La *Chronique* dit simplement : « *Sed frater Helias eis satisfecit multis rationibus allegatis*[2]. » Probablement les raisons mentionnées par nous et d'autres moins graves non mentionnées persuadèrent Grégoire IX[3].

En tout cas les sanctions annoncées par la bulle ne furent pas appliquées. La faveur de frère Élie auprès du Saint-Siège demeura inaltérée.

Pendant que la translation se passait comme nous l'avons rapporté, le chapitre des frères se déroulait, désordonné et très troublé. On peut supposer que l'indiscipline de l'assemblée ne fut pas étrangère aux mesures extrêmes dont se plaignaient les participants. La prévention, dans les conditions d'agitation du moment, n'était pas arrogance mais vraiment sage prévoyance.

L'ordre s'était élargi sans mesure. Les clercs, entrés en grand nombre dans l'ordre, demandaient à étendre leur champ d'action. Pour défendre l'Église contre les hérésies débordantes, il fallait non seulement la science mais la sainteté. Les savants demandaient donc la permission d'avoir leurs livres et de pouvoir étudier. Ce qui impliquait une atténuation de la pauvreté

---

1. Sbaralea, *Bull. Franc.*, *op. cit.*, t. I, p. 66-67.
2. *Analecta Franc.*, t. III, p. 212.
3. Quatre ans étaient passés depuis la mort de saint François. Aucune source ne mentionne une préparation, même sommaire, du cadavre. On suppose que la décomposition a dû intervenir et que, avec la chair, les traces des stigmates ont disparu. La déception de ceux qui voulaient *voir le miracle* aurait été immense. En cachant le corps, on évitait ce danger et le culte du saint demeurait intact.

primitive et une plus grande stabilité de vie dans les couvents. La prédication avait été au début *pénitentielle*, adressée au peuple des places publiques dans un style simple et sans ornement ; avec la science, elle devint *dogmatique*, et s'adressa aux chaires des églises et des universités. Dans l'ordre se formait ainsi une aristocratie de savants qui bien vite prit le dessus et crut de son devoir d'assumer la direction du mouvement.

Ce faisant, ils étaient sincèrement persuadés de ne pas altérer la pureté de l'idéal primitif et de ne pas diminuer la portée de l'action, si féconde dans sa simplicité, du maître qu'ils admiraient et aimaient ardemment. Ils croyaient même enrichir l'idéal, le fortifier et en multiplier la puissance et la force d'irradiation. Unir la noblesse de l'étude à l'austérité de la pénitence, illuminer l'humble pratique de l'Évangile par le prestige de la science, ajouter l'apostolat du savoir à celui de l'exemple : cette vérité était l'aspiration des savants, destinée à magnifier l'ordre.

En vérité, saint François ne s'était jamais opposé à cette tendance ; mais il ne l'avait pas non plus encouragée, bien que beaucoup de ses intimes y soient impliqués : Matthieu de Narni, Gregoire de Naples, Pierre Cattaneo, Agnello de Pise et frère Élie, soutenus par la faveur du cardinal Hugolin. Saint François admirait et bénissait la science ; mais il craignait l'orgueil de cette science. L'ambition du savoir peut devenir sans qu'on y prenne garde égoïste, intéressée, elle peut conduire à l'orgueil et à la vaine gloire. Avec la même sollicitude, saint François répudiait l'orgueil de la sainteté. Il fut toujours pour la modération, qui est une forme de l'humilité. Durant sa vie, son autorité fut un frein aux excès. Peu d'années après sa mort, les tendances opposées étaient déjà en conflit[1].

1. Il dut intervenir pour modérer l'orgueil des titres et décréta qu'aucun frère ne serait appelé maître ou docteur, mais que tous seraient appelés frères (*Analecta Franc.*, t. III, p. 211). Plus tard frère Salimbene se vantera de son savoir, rappelant à un pauvre frère, simple et inculte, qu'il n'avait pas le droit de confesser ni de discuter au sujet de la sainte Église. Frère Egidio se lamen-

Dans le chapitre de 1230, l'opposition apparut pour la première fois sur la question de savoir si le *Testament*, écrit par le saint fondateur peu de jours avant sa mort, était obligatoire à l'égal de la Règle ou non. La question était en fait plus vaste et concernait le fond même de la Règle. Le *Testament* prescrivait que la Règle devait être observée à la lettre *sans commentaires et sans gloses*. Sur ce point se fondait l'opposition des savants, qui voulaient précisément commenter et gloser.

Jean Parenti n'était pas l'homme de la situation. Les documents de l'époque nous le montrent faible et prompt aux larmes[1]. Le *Speculum Vitæ* le décrit rôdant dans le chapitre avec la Règle à la main affirmant qu'elle était claire et observable et qu'elle devait être observée à la lettre par tous[2]. En réalité, l'observance à la lettre n'était pas aussi facile que le prétendait le général. Par exemple, dans les cités, beaucoup devaient aux frères l'aumône en argent. Or saint François avait prescrit de ne recevoir l'aumône pécuniaire que « par l'intermédiaire d'amis spirituels » et seulement dans deux cas : pour les besoins des malades et pour procurer l'habit aux prêtres (Reg. II, chap. IV). Pour ne pas manquer au précepte, on avait institué un homme de confiance chargé de recevoir les offres en argent et de pourvoir aux besoins des frères. Cet usage était-il ou non contraire à la Règle ? Les maisons occupées par les frères étaient toujours considérées comme propriété des donateurs, ou plus généralement de l'Église : mais les meubles et surtout les livres, à qui devaient-ils appartenir ? Un fort courant soutenait qu'ils devaient être considérés comme la propriété commune de l'ordre. La Règle faisait aussi une obligation de tous les préceptes évangéliques. Souvent les frères se trouvaient exposés à en violer certains. Beaucoup d'autres doutes avaient surgi autour de la confession, de l'examen des

tera : « Paris ! Paris ! Pourquoi détruis-tu l'ordre de saint François ? » Paris était le siège des savants.

1. *Analecta Franc.*, t. III, p. 213

2. La *Chronique des XXIV Généraux* le confirme.

prédicateurs, de l'admission des novices, de l'élection du général. Aucun accord n'étant intervenu, la controverse fut portée devant Grégoire IX, peut-être moins en tant que Souverain pontife que comme ami et collaborateur de saint François. Faisaient partie de la commission envoyée au pape, avec Jean Parenti, saint Antoine de Padoue, Aymon de Faversham, Léon qui fut plus tard archevêque de Milan et Gérard de Modène. Il ne semble pas que frère Élie ait été parmi eux. Il vivait la vie de l'ordre à une hauteur assez supérieure aux discussions de ces jours-là. Fort de l'appui du Saint-Siège et de sa superbe volonté, il construisait – au sens matériel – la gloire du Père séraphique.

Quatre ans ne sont pas encore passés depuis la mort du saint fondateur. Presque tous les frères conservent le souvenir vivant de sa vertu. Les biographes de frère Élie, par une compréhensible erreur de perspective, ont l'habitude de polariser la vie de l'ordre autour de ce personnage, certes important. En réalité, l'ordre vit sa vie propre, sainte et pittoresque comme aux jours du *Poverello*.

Les anciennes sources situent à cette époque l'épisode des cloches d'argent enlevées par frère Ginepro à l'autel supérieur de la basilique d'Assise pour en faire l'aumône à une pauvre femme. Le récit est d'une fraîcheur primitive. Le sacristain, en se rendant au repas, avait laissé frère Ginepro garder l'autel paré pour la fête ; mais ensuite, se rappelant les façons de ce célèbre compagnon, et craignant qu'il ne dépouillât l'autel pour faire des aumônes, il se leva au milieu du repas et accourut à l'église, où il remarqua immédiatement la disparition des cloches. Le voyant anxieux et troublé, frère Ginepro le consola : « Ne t'en fais pas pour ces cloches ; je les ai données à une pauvre femme, parce qu'elle était vraiment dans le besoin ; et puis elles ne servaient à rien d'autre sur l'autel qu'à une vaine pompe. »

Peu convaincu, le sacristain se répandit en plaintes auprès du général Jean Parenti, alors présent à Assise, qui répondit : « La faute n'est pas à lui, mais à toi qui, connaissant les habitudes de frère Ginepro, lui as confié la garde de l'autel. Je m'étonne seulement qu'il n'ait pas tout donné.» Et devant les frères convoqués en chapitre, il reprit âprement frère Ginepro pour cette imprudence, et cria avec tant d'indignation qu'il en devint presque aphone. Mais frère Ginepro, se souciant peu des reproches puisqu'il se délectait des injures, eut de la compassion pour l'enrouement du général et pensa pouvoir y remédier. Dans ce but, il se rendit tout de suite en ville et fit préparer une bonne assiette de bouillie au beurre; et, en pleine nuit, il se rendit avec cette assiette et une chandelle allumée dans la cellule du général.

> «Que veux-tu à cette heure avec ça?», demanda le général; Ginepro lui répondit: «Mon Père, aujourd'hui quand tu m'as réprimandé pour mes défauts, j'ai vu que ta voix s'affaiblissait par trop d'efforts; c'est pourquoi j'ai fait faire pour toi cette bouillie au beurre; je t'en prie, mange-la, je t'assure qu'elle te dégagera la poitrine et la gorge.» Le général refusant de manger, frère Ginepro insista: «Regarde, elle est faite pour toi, je t'en prie, ne fais pas le délicat, mange-la elle te fera beaucoup de bien.» Et le général, énervé par son insistance, lui ordonna de s'en aller, car il ne voulait pas manger à cette heure. Frère Ginepro voyant alors que ni prières, ni flatteries n'avaient d'effet, dit: «Mon Père, puisque tu ne veux pas manger cette bouillie faite pour toi, au moins tiens-moi la chandelle pour que je la mange, moi.» Et le général, en personne pieuse et dévote, touché par la simplicité et la piété de frère Ginepro et ému par sa dévotion, répondit: «Frère, puisque tu le veux, mangeons donc ensemble.» Et tous deux mangèrent cette assiette de bouillie et furent plus rétablis par la dévotion que par la nourriture[1].

Le trait, dans son extraordinaire simplicité, est éminemment héroïque. Comme dans les premiers temps de l'ordre, l'héroïsme

1. *Analecta. Franc.*, t. III, p. 58. Le récit a été repris dans les *Fioretti*, chap. V.

est encore la vertu commune des frères. Lempp nous montre l'ordre comme scindé en deux partis opposés, acharnés l'un contre l'autre. C'est pure imagination. L'ordre est encore un bloc unique d'héroïsme et de simplicité. On vit et on meurt pour le Christ avec une ferveur très pure. Autour de la tombe du bienheureux la dévotion des fils est unanime. Frère Élie continue à être celui qu'il a toujours été: le modèle du frère mineur.

Pendant ce temps, les événements politiques tournaient en faveur du Saint-Siège. Après de longues discussions et de durs conflits, l'empereur se pliait à la paix avec le pontife, «promettant à genoux de satisfaire l'Église romaine en tout ce qui regardait l'excommunication[1]». L'accord fut solennellement ratifié à San Germano le 23 juillet 1230. Le 28 août suivant, Frédéric se rendit à Ceperano en Campanie, où il fut complètement absous par les légats du pape, Giovanni et Tommaso. Puis l'empereur et le pape se rencontrèrent à Anagni. Le prince entra solennellement dans la ville, accompagné des cardinaux avec une nombreuse suite de barons. Quand il fut devant le pape, il enleva son manteau et, le posant à ses pieds, il reçut de lui le baiser de paix et de réconciliation.

Libéré désormais des soucis politiques, le pape se consacra aux devoirs spirituels de son ministère et se préoccupa avant tout d'éclaircir les doutes surgis au sujet de l'interprétation de la Règle des Frères mineurs[2]. La bulle *Quo elongati*, du 28 sptembre 1230, lancée d'Anagni, donne entière raison au parti des savants. Le pape rappelle sa longue familiarité avec le saint fondateur et son assidue collaboration à la rédaction de la Règle et, affirmant qu'il interprète fidèlement la pensée du saint, déclare: «Le

1. Joseph-François Michaud, *Histoire des croisades*, *op. cit.*, t. IV, p. 433.
2. Lempp écrit: «Grégoire IX hésita longtemps; peut-être était-il encore irrité des agissements d'Élie lors de la translation.» Ses conjectures mesquines ne tiennent pas compte des grands événements politiques qui occupaient à ce moment le Saint-Siège. Conscients de l'inanité de ses ragots, les auteurs franciscains lui dénient à raison toute autorité.

Testament, même si on reconnaît sa haute et dévote inspiration et si noble et juste soit le désir de l'observer, ne peut toutefois avoir force de loi[1]. » Les frères sont tenus seulement à l'observance des préceptes évangéliques contenus dans la Règle, même si cette dernière semble les imposer tous. Pour les besoins *présents*, la coutume en vigueur de recevoir et de dépenser aussitôt les aumônes pécuniaires au moyen du *nonce*, représentant des donateurs et des créanciers des frères, n'est pas une infraction au précepte qui interdit de recevoir de l'argent par personne interposée ; non plus que l'usage de déposer les aumônes pour des besoins *à venir* entre les mains d'un ami spirituel des frères[2]. Les frères continueront à ne rien posséder ni en commun ni en privé. Ils n'ont aucun droit sur les maisons ; quant aux meubles, et spécialement aux livres, ils en ont seulement l'usage et ne peuvent en disposer sans la permission du cardinal, leur protecteur. L'obligation de se confesser au provincial existe seulement pour les péchés publics. L'examen des prédicateurs est réservé au ministre général, sauf pour ceux dont la science est notoire. Les vicaires provinciaux ne peuvent, durant la célébration du chapitre général, ni recevoir, ni expulser personne de l'ordre. Désormais en revanche, comme il l'a été décidé dans le récent chapitre d'Assise, pourront seuls participer

1. Sbaralea, *Bull. Franc.*, *op. cit.*, t. I, p. 68
2. L'ordre était devenu une armée nombreuse avec toutes ses exigences. Les ministres, qui prenaient soin des frères, devaient, dans l'indigence absolue exigée par la Règle, s'occuper souvent du boire et du manger. Ils demandaient donc une interprétation de la Règle qui leur permît de faire vivre les frères. Grégoire IX leur accorda l'autorisation pour les frères de recevoir l'aumône en argent pour faire face aux impérieuses nécessités de la vie. Plus tard saint Bonaventure approuve cette mesure (*In determinationibus quæstionum circa Regulam Sancti Francisci*). Golubovich note sagement : « Les Capucins, croissant et multipliant merveilleusement durent nécessairement préférer à la vie érémitique la vie active et apostolique chérie par saint François et accepter toutes des déclarations pontificales, sans lesquelles, comme le montre l'Histoire, aucune forme de vie franciscaine ne pouvait ni ne pourra jamais subsister », in *Biblioteca bio-bibliografica*, *op. cit.*, t. III, p. 430, note.

au chapitre les ministres provinciaux, avec un seul custode par province, élu par tous les autres custodes. Enfin, aucun frère ne pourra s'introduire dans les monastères sans une permission spéciale du siège apostolique.

Dans l'histoire de l'ordre franciscain, la bulle *Quo elongati* a une importance capitale. Grégoire IX veut rester fidèle à la pensée du saint fondateur. Il maintient dans toute sa rigueur le principe de la pauvreté absolue; il maintient aussi formellement l'interdiction de recevoir de l'argent en la tempérant cependant par la ratification de l'institution du *nonce* et de *l'ami spirituel.* Ce n'est pas une dérogation, mais une déviation imposée par le développement de l'ordre. Elle était nécessaire pour vivre. Mais la décision la plus grave de Grégoire IX est celle qui enlève toute force de loi au *Testament.* La rigueur juridique d'une telle sentence peut avoir blessé le cœur de nombreux disciples; mais il n'en est pas moins vrai que, sans l'assentiment des ministres, le saint fondateur ne pouvait imposer ses ultimes volontés comme loi, et que seul le pape avait le pouvoir d'intervenir pour ajouter de nouveaux statuts ou modifier les anciens[1].

Sabatier prend au tragique cette intervention de l'Église pour mettre de l'ordre dans la famille franciscaine, et la qualifie de trahison envers l'idéal du fondateur. Il a tort. Le siècle de saint François fut un siècle d'épreuves pour l'Église. De toutes parts, l'hérésie et la rébellion surgissaient pour miner les fondements mêmes du catholicisme. Il fallait éviter à tout prix que le mouvement franciscain ne finisse dans le schisme. Le *Testament* même définit le cardinal d'Ostie *seigneur protecteur et correcteur de tout l'ordre.* Grégoire IX était donc non seulement dans son propre droit, mais aussi dans son propre devoir quand il intervenait

---

1. Cf. la bulle *Quo elongati.* En réalité, il n'y a rien dans le *Testament* qui contredise la Règle; il ne pouvait en être autrement. Mais il ne peut exister deux normes pour guider un État: ce serait la négation de la discipline. Le code doit être unique et le pontife eut raison de vouloir maintenir cette unité dans l'ordre.

dans les choses de l'ordre. La bulle papale n'était pas une trahison ; en maintenant dans son intégrité l'esprit de la Règle, il l'adaptait aux temps et aux circonstances. C'était simplement la subordination de l'idéal à la raison pratique. Mais c'est là le fondement même de la vie. L'ordre des Frères mineurs était devenu un collaborateur actif du Saint-Siège, dans le domaine politique comme dans le domaine religieux. C'est en cela que consiste la *mondaine sagesse* que les exaltés reprocheront par la suite à frère Élie. Il voulait que l'ordre vécût *dans le monde*, non pas comme un exemple lointain dans les ermitages au milieu des pratiques sublimes d'ascétisme, mais surtout dans le peuple, dans l'Église et en obéissance à l'Église.

Jean Parenti se sentit destitué. Sans rancune et sans regret, il donna sa démission. Mais le pape le maintint en charge jusqu'à l'élection de son successeur[1]. Le 3 décembre 1230, Grégoire IX envoyait Jean Parenti à Florence pour convaincre cette mairie de faire une paix conforme aux désirs du pape[2]. L'ordre franciscain est désormais un collaborateur direct de la politique de la curie romaine. Le même Parenti était déjà allé au début de l'année à Rome pour pousser à l'obéissance les citoyens rebelles au saint Siège ; et sa mission avait eu un succès miraculeux. Il avait prédit grandes calamités et châtiments aux rebelles et, comme une effrayante crue du Tibre avait suivi sa prédiction, les Romains pris de terreur demandèrent à retourner « à la paix, l'obéissance et le respect du Seigneur pape et de l'Église[3] ».

L'ordre franciscain était donc maintenant une des grandes puissances ecclésiastiques du temps. Le clerc séculier se voyait

1. Selon la *Chronique des XXIV Généraux*.

2. Sbaralea, *Bull. Franc.*, *op. cit.*, t. I, p. 70, n. 57. Une lettre du pape du 3 décembre recommande au maire et au peuple de Florence *dilectum filium J. majorem Ministrum fratrum Ordinis Minorum* (*Ibid.*, p. 71, n. 57)

3. Cette crue du Tibre eut lieu le 1er février 1230 (Azzoguidi, *Sermones in Psalmos*, *op. cit.*, n. 26, p. LIX). Richard de Saint-Germain, *Rerum Italic.*, t. VII, col. 107.

détrôné par les frères dans la direction de conscience et dans les cérémonies du culte. Surgissaient partout des couvents et des églises des Frères mineurs, vers lesquels se tournait la préférence des fidèles. Les historiens protestants, obsédés par leur souci de relever un antagonisme, qui n'a jamais existé, entre saint François et l'Église, considèrent ce développement de l'ordre comme une décadence de l'idéal franciscain. Il faut le considérer au contraire comme la réalisation de cet idéal. Les Frères mineurs se plaçaient à la tête du renouvellement des consciences et des esprits par le biais de l'Évangile, dans le giron de la sainte Église. C'était bien la place qu'avait rêvée pour eux le saint fondateur.

Frère Élie, lui, continuait énergiquement la construction de la basilique. Au nom du pape, il envoyait des agents recueillir et provoquer des offres pour les travaux. Sa figure dominait l'ordre. Son passé comme le présent l'appelaient à la direction. Jean Parenti voulut sortir de l'équivoque. Un chapitre ultramontain fut réuni en 1232, probablement à Assise, pour élire le nouveau général. Frère Élie fut élu. Mais l'élection n'était pas régulière[1], car seul le chapitre général, qui se réunissait tous les trois ans, avait le pouvoir de nommer le ministre de tout l'ordre.

Frère Élie, soit qu'il fût trop absorbé par la construction de la basilique, soit que sa santé fût vraiment fragile et peut-être parce que la nomination n'était pas régulière, hésitait à accepter cette charge. Il y avait renoncé en 1227 ; les mêmes raisons de la refuser subsistaient. Mais ses partisans le portèrent au milieu du chapitre et l'assirent au bureau[2]. L'année suivante le chapitre général réuni à Rieti, confirma frère Élie[3]. La bulle *Per mare magnum* du 6 juillet

1. Eccleston *sed non canonice electus* (t. I, p. 289). Cf. Affò, *Frate Elia, op. cit.*, p. 61.
2. Jourdain de Giano, *Analecta Franc.*, t. I, p. 18.
3. Le récit romancé du *Speculum Vitæ* n'a aucun caractère d'authenticité, ni même de vraisemblance. Eccleston pousse jusqu'à l'absurde. Leur récit ne doit pas se référer à un chapitre de religieux, mais à une assemblée de fous. De la confusion des témoignages, on ne peut retenir que ceci : Jean Parenti

1233 est adressée « aux frères aimés de frère Élie, ministre général de l'ordre des Frères mineurs et à tous les ministres provinciaux du même ordre réunis en chapitre général[1] ».

Le généralat de frère Élie ne fut que la rigoureuse continuation de son vicariat. Il ne pouvait en être autrement. L'homme n'avait pas changé. La dignité, non recherchée, n'était pas neuve pour lui. Du vivant du saint fondateur, il occupait déjà la première place, et jamais la confiance et l'approbation du Père séraphique et de la curie romaine ne lui firent défaut. Ce qui changea, ce ne fut pas l'homme, mais l'atmosphère[2]. L'unique louange que frère Salimbene attribue à frère Élie est d'avoir promu dans l'ordre les études théologiques. Mais avec la science entra dans l'ordre l'orgueil de la science. En toute bonne foi et avec le désir d'être utiles à l'ordre, les docteurs de Paris revendiquèrent la suprématie

avait démontré à l'évidence qu'il n'avait pas la force de diriger l'ordre. Il fallait une main ferme et une autorité reconnue pour ramener la discipline parmi les frères. Le pape lui-même dut suggérer frère Élie. Mais Élie, absorbé par les travaux de la basilique, n'était pas enclin à accepter cette charge. Au contraire de Parenti, qui avait parcouru toutes les provinces et visité leurs couvents, il n'aurait pas pu affronter cette fatigue dans son état de santé. Il avait donc de bonnes raisons pour ne pas vouloir une telle responsabilité. Il ne prit même pas part au chapitre. Ce furent les frères qui vinrent le chercher, le portèrent malgré lui au chapitre et l'assirent à la place du ministre général. Mais Lempp lui attribue un sentiment d'échec et une stratégie destinée à prouver aux frères « que lui seul était l'homme capable de diriger l'ordre et de le conduire au succès et à la gloire ». Prévention anti-romaine, obsession du complot, conclusions tendancieuses.

1. Sbaralea, *Bull. Franc.*, *op. cit.*, t. I, p. 113.

2. Par exemple, le bienheureux Agnello, provincial d'Angleterre, ayant reçu de nombreux jeunes gens dans l'ordre, pria Robert Grossetête d'Oxford de donner des cours de théologie aux frères. Il y consentit humblement. Un jour frère Agnello, en arrivant, voulut vérifier comment les frères progressaient. Et en entrant il les entendit discuter sur la question de savoir si « Dieu existait ». Très troublé, il s'exclama : « Comment ? Les simples et les ignorants sont ravis en Dieu et ces savants se demandent si Dieu existe ! » (*Analecta Franc.*, t. III, p. 27).

comme un droit de l'intelligence et de la sagesse. Saint François avait demandé à ses compagnons seulement l'amour et la sainteté. Dans l'effort très dur pour maintenir l'ordre dans la vie marquée par le fondateur, frère Élie fut dépassé par les nouveaux courants suscités par lui-même.

Frère Élie était *laïc*. Il ne faisait jamais de distinction entre laïcs et clercs. En cela, il était pleinement fidèle à l'esprit et à la volonté du saint fondateur. Et, selon frère Salimbene :

> [Son plus grand tort] fut d'avoir reçu dans l'ordre beaucoup de personnes inutiles. J'ai habité deux ans dans le couvent de Sienne et y ai trouvé vingt-cinq frères laïcs ; j'ai habité quatre ans dans celui de Pise et il y en avait trente [...]. La troisième faute de frère Élie fut de promouvoir des hommes indignes aux charges de l'ordre. Il nommait des laïcs comme gardiens, custodes et ministres ; c'était hors de toute raison, car ne manquait pas dans l'ordre une bonne moisson de clercs. Et moi-même j'ai eu en mon temps pour ministre un laïc mais j'en ai vu beaucoup dans les autres provinces [...]. La quatrième faute de frère Élie fut de ne pas avoir donné à l'ordre des lois tendant à conserver la Règle et à servir de norme pour le régime uniforme de l'ordre même. Jamais lois générales de cette nature ne furent édictées pendant le gouvernement de trois ministres, le bienheureux François, Jean Parenti et Élie, lequel fut deux fois ministre pour notre malheur. Sous son gouvernement de nombreux frères laïcs en Toscane portaient la tonsure, je l'ai vu de mes yeux, même s'ils ne connaissaient pas une seule lettre de l'alphabet ; certains demeuraient dans la ville, près des églises des frères, enfermés dans des ermitages ; mais ils n'étaient capables ni de confesser, ni de donner de bons conseils. Et cela, je l'ai vu à Pistoia et ailleurs [...]. Les laïcs étaient même envoyés aux chapitres pour représenter les votes des simples frères et bien d'autres laïcs, à qui leur grade n'en donnait pas

> le droit, peuplaient les chapitres. Et dans la province de Toscane, quand j'y demeurais, il y avait autant de laïcs que de clercs, et même il y avait quatre fois plus de laïcs [...]. Si quelque frère entendait un frère encore jeune parler latin, il le lui reprochait en lui disant: « Ah! Petit misérable! Veux-tu abandonner la sainte simplicité pour faire étalage de ton savoir?» À ceux-là je répondais avec dépit: « La sainte simplicité se suffit à elle-même, et autant elle est utile pour une vie méritante et utile à l'édification de la congrégation des fidèles, autant elle est nocive si elle ne sait réfuter les ennemis de l'Église [...]. » Toutefois, quand j'entrai dans l'ordre des Mineurs, j'y trouvai nombre d'hommes insignes par leur sainteté, leur culture littéraire, leur esprit de prière, de dévotion et de contemplation[1].

Nous avons rapporté en entier la prose minutieuse du chroniqueur. Elle éclaire d'une vive lumière l'action de frère Élie et de façon d'autant plus efficace qu'elle en est une involontaire justification. Élie défendait le pur idéal franciscain contre les déviations voulues par les savants. Il ne voulait dans l'ordre privilèges d'aucune sorte, ni de curie ni de culture ni de caste. Il honorait le savoir et en promouvait le développement dans l'ordre. Mais il entendait que l'ordre conservât sa physionomie originale: ordre de saints et non de savants selon la volonté expresse du fondateur[2].

1. Frère Salimbene, *Chroniques*, p. 63-64

2. Frère Élie fut toujours présenté comme le chef des *relâchés*, au sens péjoratif opposé à *observants* ou *zélants* c'est-à-dire fidèles à l'idéal primitif franciscain. Ces termes ne correspondent pas à la réalité. Si on veut appliquer une épithète au parti de frère Élie, il faudrait l'appeler *modéré* au sens vertueux du terme, opposé aux *exaltés*, qui, par leurs exagérations, plaçaient l'ordre hors de l'Histoire et de la vie sociale elle-même. Comme le souligne Azzoguidi (*Sermones in Psalmos*, *op. cit.*, p. L), sa vie était plus austère, son observance rigoureuse mais il se tenait dans les limites que le saint fondateur avait constamment enseignées.

Frère Salimbene écrivait ses *Chroniques* sous le généralat de saint Bonaventure. Frère Élie était mort et sa réputation était répandue dans l'ordre entourée de honte et d'horreur. Pour la foule, il était le traître et le réprouvé. Ce voile posthume brouille aussi tout ce que sa vie a de splendide et de glorieux. Nous devons affirmer que, jusqu'à ce moment, la vie de frère Élie est sans reproche pour le passé et l'avenir. Une fois au gouvernement de l'ordre, il le porta aux plus hauts sommets de la puissance et de la gloire.

L'auréole de sainteté et de faveur divine qui entourait l'ordre s'était répandue dans toute l'Europe. Louis IX, roi de France, et Ferdinand de Castille appartiennent à l'ordre en qualité de tertiaires. Élisabeth de Hongrie, veuve du Landgrave de Thuringe, refuse de revenir sur le trône pour revêtir l'humble habit franciscain illustrant sa vocation avec d'admirables exemples de charité et d'amour divin. Agnès de Bohème, sa cousine, refuse la main de l'empereur pour se consacrer au service des pauvres, humble sœur de sainte Claire. Isabelle de France, sœur de Saint Louis, refuse elle aussi la main de l'empereur pour devenir clarisse et mourir sainte comme son frère. De même les deux filles du roi de Castille, la sœur du roi du Portugal et Marguerite, veuve du roi de France, entrent au service de Dieu sous l'égide de saint François. Ce noble exemple est suivi par Salomé, reine de Galicie, et par Cunégonde, duchesse de Pologne. Toutes ces vocations élevées, que l'Église exaltera par la couronne de la sainteté, attestent de l'immense faveur dont jouit l'ordre dans toute la chrétienté à l'époque de frère Élie[1].

---

1. Wadding cite, en 1233, toute une série de Belges et de Français illustres, chevaliers de l'empereur Baudouin qui l'accompagnèrent en Orient et finirent leurs jours dans différents couvents d'Europe (Luc de Wadding, *Annales Minorum*, *op. cit.*, t. II, p. 360-362). La réputation de l'ordre franciscain était universelle : sainteté, science, fidélité au Seigneur. Le mérite en revient au gouvernement de frère Élie.

Quand il était provincial de Terre sainte, frère Élie s'était déjà préoccupé de promouvoir l'union des deux Églises grecque et romaine. À peine élu à la direction de l'ordre, cette préoccupation devint vive chez lui. Du reste, pendant toute sa vie, le zèle des missions ne l'abandonna jamais. Il envoya donc auprès de l'empereur grec de Nicée les frères Aymon de Faversham et Rodolphe de Reims avec les dominicains Hugo et Pierre pour négocier la réconciliation des deux Églises. Frère Benoît d'Arezzo était alors provincial de Terre sainte et jouissait d'un grand prestige auprès de Jean de Brienne, empereur latin de Constantinople. La mission franciscaine fut accueillie avec grand respect par l'empereur et par les patriarches grecs et le premier surtout manifesta un désir sincère d'arriver à un accord. Mais la casuistique grecque fut plus forte que la bonne volonté des religieux. Les discussions continuèrent jusqu'en mai 1234 et se clorent avec peu d'urbanité avec le salut réciproque : *Vos estis hæretici*[1] !

Pendant ce temps frère, Jacques de Russano était envoyé en Géorgie avec quelques compagnons, et trois autres missions, de caractère politico-religieux, étaient envoyées l'une au sultan de Damas, l'autre au calife de Bagdad et la troisième au sultan du Maroc[2].

---

1. Père Jérôme Golubovich, *Biblioteca bio-bibliografica*, *op. cit.*, t. 1, n. 45.
2. Grégoire IX se servit activement des franciscains de Terre sainte pour promouvoir l'union des Grecs, des Géorgiens et des autres peuples d'Orient. Par leur truchement, il tenta même de convertir le sultan de Damas, Malek-el-Asceraf, frère du fameux Malek-el-Kamel, l'ami de saint François. Pour cette difficile mission, il se servit des membres d'un ordre désormais bien connu et bien accepté des Sarrasins. Dans la lettre papale *Cœlesti altitudo* (13 février 1233), le pontife, selon un principe de la religion chrétienne, l'exhorte à « accueillir avec amour ces fils chéris qui allaient à lui pour son salut ». Grégoire IX envoyait des lettres semblables et des missionnaires franciscains au calife de Bagdad, Mostanser-Billah. Cette fiévreuse activité missionnaire se déroule la première année du généralat de frère Élie. C'est un témoignage incontestable de son zèle religieux. Plus tard, en 1241, le sultan

De l'année 1233, on a cinq lettres papales adressées *Fratribus Ord. Min. in terram Saracenorum profisciscentibus o Saracenorum et aliorum infedelium profiscentibus*, sans indication précise du lieu de mission et d'autres semblables de 1238 : elles attestent la ferveur missionnaire jamais affaiblie de frère Élie[1]. On enregistre en outre une nouvelle mission à Tunis en 1235 et une autre à Alep en 1238[2].

Sabatier, avec une légèreté insolite, pose la question de savoir « si l'activité missionnaire de frère Élie dérivait de son zèle religieux ou si elle n'a pas plutôt été un moyen commode de débarrasser l'Italie de certains frères aventureux et peu disciplinés ». Rien ne justifie ce doute injurieux. Toute la vie de frère Élie est témoin de sa profonde piété et de la sincérité de sa foi[3].

---

d'Égypte Malek-es-Saleh, fils de Malek-el-Kamel, qui gouvernait alors la Syrie, enverra son ambassadeur avec des lettres pour le pape Innocent IV. Il y fait mention d'autres lettres papales reçues auparavant et très appréciées. Il ajoute avoir accueilli le messager pontifical avec affection, honneur, dévotion et révérence (père Jérôme Golubovich, *Biblioteca bio-bibliografica*, *op. cit.*, n. 44).

1. Sbaralea, *Bull. Franc.*, *op. cit.*, t. I, p. 155, n. 164, et p. 245, n. 266.

2. Le pape Grégoire IX dans une lettre adressée au roi de Tunis en mai 1235, lui recommande son messager *dilectum filium fratrem Johannem, Ministrum Ordinis Minorum de Barberia*. Il doit s'agir du fameux frère Jean de Pian de Carpini, qui avait déjà eu des relations avec les Arabes d'Espagne, où il fut provincial en 1230. Il acquerra plus tard une certaine notoriété pour sa mission auprès du Khan des Tartares. La province *di Barberia* est rappelée ici pour la première fois, et on n'en a plus aucune mention. Ce fut sans doute l'une de ces provinces, fondées par frère Élie, qui furent supprimées en 1239.

3. À l'évidence, Sabatier fonde cette fausse supposition sur l'envoi de frère Aymon en Orient. Celui-ci sera en 1239 l'adversaire le plus ferme de frère Élie ; mais en 1233, il en est un partisan. Célèbre docteur de l'université de Paris, il connaissait le grec et était donc le plus qualifié pour discuter théologie avec des Grecs. Tous les autres frères mentionnés dans ces missions ne prirent aucune part à la chute de frère Élie.

Pendant qu'il étendait ainsi l'influence de l'ordre *à tout le monde alors connu*, frère Élie gouvernait à l'intérieur d'une main ferme et sage, avec le plein accord de tous les frères. Parmi les soucis particuliers du général, il y avait celui, très important en vérité, de visiter les couvents pour surveiller le développement et maintenir la fidèle observance de la Règle[1]. Frère Élie n'avait plus la santé d'autrefois. La marche le fatiguait à tel point qu'il devait se servir d'une monture même pour les courts trajets[2]. Il était en outre très attaché à la construction de la basilique, chargée d'exprimer en pierre et en couleurs la puissance acquise par l'ordre. Donc, pour maintenir la discipline dans les provinces, frère Élie se servit de délégués, appelés *visiteurs*, auxquels étaient confiés d'amples pouvoirs d'investigation. L'institution n'était pas nouvelle et avait fonctionné jusque-là sans inconvénients[3].

1. Cette fonction avait été instituée par saint François lui-même. Pendant qu'il laissait son vicaire Pierre Cattaneo à la Portioncule pour recevoir les postulants dans l'ordre, lui allait de couvent en couvent pour réconforter et instruire les frères. Quand il se rendit en Terre sainte en 1219, il laissa non pas un mais deux vicaires, l'un pour rester à la Portioncule, l'autre pour parcourir l'Italie. On a vu que Jean Parenti passa le temps de son généralat à courir le monde pour visiter tous les couvents de l'ordre. Mais cette action périphérique n'apporta que confusion et indiscipline. La discipline fut en revanche obtenue par l'action centrale de frère Élie. Parenti fut général sans être chef; frère Élie fut général et chef.
2. Il doit y avoir un fond de vérité dans l'évidente exagération du *Speculum Vitæ*. Il n'est pas vraisemblable que frère Élie ait refusé sa nomination comme général sous le prétexte de ne pouvoir observer la Règle à cause de sa condition de santé et que les frères aient insisté haut et fort en l'autorisant à bien manger et à circuler à cheval pour rester chef de l'ordre. Retenons seulement la santé déclinante de frère Élie, qui fait encore mieux ressortir l'admirable activité de son esprit.
3. Depuis 1229, sous le généralat de Jean Parenti, il est question de visiteurs chargés d'inspecter les provinces. Cf. Jourdain de Giano, *Chronique*, 59; Eccleston, *Analecta Franc.*, t. I, p. 233. Au début, quand les clercs étaient peu nombreux, ces visites ne duraient pas longtemps. Mais, à partir de 1237, vu l'extraordinaire développement de l'ordre, surgirent les protesta-

Plus tard elle soulèverait de bruyantes protestations. Souvent de tels visiteurs étaient des laïcs ; ils rencontrèrent la violente opposition des clercs. Frère Élie dut intervenir plus d'une fois et montrer son autorité. L'énergie du chef fut jugée arrogante par les savants, qui considéraient comme une intolérable humiliation le contrôle de simples laïcs[1].

Frère Élie était indubitablement du côté de la raison. Il défendait vraiment l'idéal du *Poverello* ; il voulait maintenir les caractères originaux de l'ordre : la simplicité et l'humilité exaltées par le fondateur. Mais en même temps, Élie promouvait les études, ouvrait toutes grandes les portes de l'ordre aux savants. L'opposition entre les deux tendances était fatale. Pour que la science puisse s'assujettir à l'humilité, en en reconnaissant la sublime hauteur, il fallait qu'elle atteigne les sommets du génie. Les opposants à frère Élie ne furent que de grandes

---

tions, d'abord sourdes, puis violentes contre les visiteurs. Que des abus aient été constatés, c'est sûr. Bernard de Besse en fait mention (*Analecta Franc.*, t. III, p. 695). Dans les constitutions générales de Narbonne (1260), des normes minutieuses règlent les visites pour éviter les abus : « Les visiteurs doivent être envoyés dans les provinces du chapitre général tous les trois ans ; ils ne doivent rester que deux ou trois jours dans chaque couvent ; ils ne doivent pas rechercher les secrets ou les petits détails de la vie des frères ; ils ne peuvent demander l'obéissance au-delà des limites de leurs fonctions. Les accusations doivent être prouvées. Les plaintes contre le provincial doivent être transmises au chapitre provincial et celles contre les visiteurs au chapitre général. »

1. Frère Salimbene exprime sa rancœur avec ingénuité : « Il était facile à frère Élie de vilipender les ministres, déjà calomniés par certains frères laïcs méchants, intraitables et venimeux, dispersés dans les provinces. Il les destituait de leur fonction, les privait de livres, leur interdisait la prédication, la confession et tout acte de leur ministère. [...] Les ministres avaient donc des projets de vengeance contre lui. » Il dénonce des abus de toutes sortes et l'absolutisme du gouvernement de frère Élie. Mais ses *Chroniques*, écrites presque vingt ans après la mort de frère Élie, sont pleines d'exagérations malveillantes et ne tiennent pas compte de la sollicitude montrée par frère Élie aux frères.

intelligences. Ils ne pouvaient régler cette opposition. Ce sera le rôle de saint Bonaventure.

Par ailleurs, tant que frère Élie gouverna l'ordre, les oppositions se maintinrent dans les limites de la discipline. Soutenue par la pleine confiance du pontife, la personnalité du général apparaissait tellement élevée que personne n'aurait jamais osé la discuter. Un témoignage insoupçonnable atteste le prestige qu'eut frère Élie dans l'ordre : celui de sainte Claire et de sainte Agnès sa sœur. Les deux très nobles servantes du Christ conservèrent pour frère Élie un respect inaltérable. En 1235, sainte Claire écrit à Agnès, fille du roi Ottokar de Bohème : « Écoutez les conseils de notre vénéré Père, ministre général de l'ordre, et tenez-les pour plus précieux que n'importe quel trésor. »

Nombreux sont en outre les documents qui attestent l'ascendant de frère Élie sur son époque, cause et effet de l'extraordinaire développement atteint par l'ordre sous son admirable impulsion. Nous voyons les villes de Spolète et de Cerreto, sur le point d'en arriver aux effusions de sang, renoncer à leur conflit grâce à l'arbitrage de frère Élie. Le général de l'ordre délègue ses pouvoirs à deux frères, qui jugent et tranchent en son nom : « *Hæc sunt præcepta atque mandata quæ Michæl Ordinis fratrum Minorum una cum fratre Thoma de consilio, mandato et voluntate fratris Heliæ, Ministri Ordinis fratrum Minorum, inter Commune Spoleti ex una parte et commune castri Cerreti ex altera, fecit atque præcepit hinc inde inviolabiliter observari.* » L'acte est signé à Spolète, dans l'église de Sainte-Marie, le 10 août 1233, « *tempore dominorum Gregorii Papæ noni et Frederici Imperatoris*[1] ».

Nous voyons des personnalités comme Robert Grossetête, le puissant évêque de Lincoln, l'un des hommes les plus savants de son temps, rechercher avec des phrases louangeuses l'amitié de frère Élie : « *Quasi ad fidum in Christo amicum confidenter scribimus,*

1. Achille Sansi, *Documenti storici inediti in sussidio allo studio delle memorie umbre*, Foligno, 1879, n. XXXIII, p. 263. Texte reproduit par Lempp sans commentaires.

omni qua possumus affectione devota supplicantes [...]. Et quia fratres vestros nos specialius et ferventius diligentes, desideramus etiam in vos qui caput eorum estis totum igniculum nostræ dilectionis effundere[1]. » Cela démontre l'ascendant des Frères mineurs en Angleterre soit par leur science, soit par la sainteté de leur vie. L'archevêque voulait son aide pour prêcher et confesser. En 1237, année où fut écrite cette lettre, il n'y a donc pas de dissensions dans l'ordre. L'autorité de frère Élie est indiscutée. L'archevêque Grossetête et le pénitent Arnolphe, qui seront les plus grands adversaires de demain, sont aujourd'hui des partisans enthousiastes.

Une preuve encore plus haute atteste le développement de l'ordre en Allemagne. À la fin de 1231, Élisabeth de Hongrie était morte, ensevelie dans l'humble habit franciscain qu'elle avait illustré pendant sa vie par une angélique vertu. Quatre ans après, le premier juin 1235, Grégoire IX édictait de Pérouse la bulle de canonisation de cette princesse. Le premier mai 1236 s'opéra la solennelle translation du corps de la sainte. Tous les princes allemands, les archevêques de Cologne, de Trêves et de Brême, les évêques de Hambourg, de Mersebourg, de Bamberg, de Worms, de Spire, de Paderborn et d'Hildesheim, et une immense foule de pèlerins se trouvèrent réunie à Marbourg. L'empereur Frédéric II, abandonnant toutes ses affaires, voulut s'unir à son peuple pour rendre hommage à celle qui avait dédaigné sa main pour se dédier tout entière au Seigneur. L'empereur apparut pieds nus, vêtu d'un grossier habit gris, mais avec la couronne impériale

1. On a deux lettres écrites par Grossetête à Élie probablement en 1236 et 1237. Dans la première, il demande au général que deux ou quatre frères soient autorisés à l'accompagner constamment pour l'aider à la prédication et à la confession; en outre il prie les frères qui se trouvent à la curie – le pénitencier du pape Arnolphe et frère Rodolphe de Rosa en particulier – de s'occuper des affaires ecclésiastiques qu'il avait en charge à la curie et d'en presser la conclusion. Ces lettres attestent à la fois l'admiration et la sympathie de l'évêque pour les frères mineurs et son désir de gagner l'amitié personnelle de frère Élie (*Rerum Britannicorum Medii Aevi Scriptores, Roberti Grossetesti Epistolæ*, éd. Luard, 1861, n. 41).

sur la tête. Avec les évêques, il voulut porter sur ses épaules le sarcophage contenant le corps de la sainte. La messe fut solennellement chantée par l'archevêque de Mayence. Au moment de la collecte, l'empereur s'approcha du sarcophage et y posa sa couronne en disant : « Puisque je n'ai pas pu la couronner sur la terre comme mon impératrice, je veux au moins la couronner en ce jour reine immortelle dans le Royaume de Dieu[1]. »

De la part de l'empereur ce n'était pas seulement un acte politique, c'était surtout un acte de foi religieuse sincère. Dans une lettre de mai 1236, le monarque raconte à frère Élie en termes grandiloquents les miracles de sainte Élisabeth. À la fin l'empereur implore en termes dévots les prières des frères[2].

Cet universel ascendant, encore accru par l'appui solide du Saint-Siège, favorisa grandement les travaux de la basilique, à laquelle frère Élie consacrait une ferveur inépuisable, malgré les soucis infinis de l'ordre. De toutes les parties du monde arrivaient les offrandes. Jean de Brienne, empereur d'Orient, Baudouin II son successeur, Venceslas roi de Bohème et enfin Frédéric II et les chrétiens du Maroc voulurent contribuer aux frais de la construction[3]. Dans ces conditions, il est probable que les envoyés de frère Élie n'avaient pas beaucoup à se fatiguer pour *extorquer* l'argent, selon l'expression perfide de frère Salimbene. Sollicités par le saint Siège et par l'amour du Père séraphique, tous donnaient volontiers et facilement. Ainsi en 1233, Giunta Pisano put commencer les fresques de l'église supérieure. Un crucifix de ce peintre, vendu en 1623, portait l'inscription :

1. Montalembert, *Histoire de sainte Élisabeth de Hongrie*, version de l'abbé Nicola Negrelli, 2e éd., Prato, 1853, p. 253 s.

2. Winkelmann, *Acta Imperii inedita*, Innsbruck, 1885, t. I, p. 299.

3. Cristofani, *Storia d'Assisi*, 2e éd., t. I, p. 259. Père Jérôme Golubovich, *Biblioteca bio-bibliografica*, *op. cit.*, t. I, p. 138, n. 5. L'empereur Jean de Brienne voulut avoir son tombeau dans la basilique à construire et frère Benedetto d'Arezzo, provincial de Terre sainte, qui l'avait reçu dans l'ordre, accompagna sa dépouille en Italie.

« *Frater Helias fieri fecit. Jesu Christe per miserere præcantis Helie. Junta Pisanus me pinxit. Anno Domino 1236. Ind. IX*[1]. »

À ce point il faut s'arrêter un moment. C'est peut-être le point culminant de la carrière de frère Élie. À peine dix ans se sont passés depuis la mort du saint fondateur, et l'ordre franciscain est devenu une puissance mondiale. De la Palestine au Maroc, toutes les terres des infidèles sont occupées par les missions franciscaines. Sont dominées par l'ordre l'Espagne avec son roi et ses princes, l'Angleterre avec ses évêques et ses savants, l'Allemagne avec ses rois et ses reines, la Hongrie avec ses guerriers et ses saintes, l'Empire d'Orient avec son empereur et ses chevaliers. Devant l'humble habit s'inclinent toutes les puissances ; le pouvoir d'attraction de l'ordre est immense. Les plus hautes intelligences de l'époque ambitionnent d'en faire partie. Emblématique à cet égard est la façon dont Alexandre de Hales entra dans l'ordre, sous le généralat de frère Élie. Ce célèbre savant, *insignis et famosus per orbem universum*, était en train de discuter au milieu d'un groupe de dominicains quand vint à passer un pauvre frère avec sa besace pour l'aumône du pain. Poussé par le Saint-Esprit, le petit frère se tourna vers le maître en disant : « Puisque, dans notre ordre, il n'y a aucun maître, pour l'amour de Dieu et de la Sainte Vierge, pour le bien de ton âme et l'honneur de notre ordre, je te supplie de prendre l'habit de notre religion. » Le maître Alexandre répondit : « Va donc, petit frère, je te suivrai et ferai ce que tu me demandes[2]. » L'autorité de frère Élie dans l'Église et dans l'ordre

1. En 1623, pour installer la décoration de l'église supérieure pour la consécration épiscopale du cardinal Francesco Boncompagni, archevêque de Fano, les architectes enlevèrent l'ancien crucifix byzantin suspendu à une poutre et découvrirent le portrait de frère Élie, dont on avait perdu la trace, et son inscription. Mais ils ne le remirent pas en place et il fut perdu. « Maintenant ce crucifix, écrit Papini, gravé sur cuivre se trouve dans le *Magazzino degli Eruditi Toscani*, imprimé à Livourne grâce au marquis Filippo Venuti. Le cuivre et le prototype doivent être à Cortone », *Notizie sicure* ecc., p. 193.
2. *Analecta Franc.*, t. III, p. 218-219.

n'est pas discutée, son prestige est universel. L'admirable basilique qui devra transmettre à travers les siècles la gloire du *Poverello*, est achevée et le plus célèbre artiste de l'époque est en train de la décorer. Un souffle de passion est passé par l'âme de frère Élie : il a voulu que demeure son souvenir au milieu d'une telle grandeur. Il fit faire son portrait à Giunta Pisano, pour être conservé dans le monument conçu et construit par lui. Et voici le trait qui révèle la noblesse de l'homme et sa fidélité au Seigneur : frère Élie est représenté aux pieds du Crucifix, avec une légende qui manifeste son sentiment : « Jésus Christ, aie pitié du suppliant Élie ». C'est le seul souvenir personnel qui soit resté de frère Élie, et il rappelle sa foi et son humilité. De sa grandeur, témoigne la grandeur de l'ordre.

Malgré le poids des ans, Grégoire IX déployait une activité infatigable. Les chrétiens de Terre sainte craignaient la fin de l'armistice conclu entre Frédéric II et le sultan d'Égypte. L'Empire latin de Constantinople vacillait sur ses fondations. Le pontife proclama une nouvelle croisade pour la défense des chrétiens d'Orient et en confia la prédication aux Franciscains. Il fallait pacifier les chrétiens entre eux pour les mener unis contre les infidèles.

Les frères parcoururent donc villes et campagnes en prêchant la paix et la concorde. Parmi eux tous, brilla par la splendeur des résultats obtenus Jean de Chios. Partout où il passait, tout le peuple lui courait après : nobles, paysans, marchands, soldats. Convaincus par ses exhortations, les hommes et les villes calmaient leurs rancœurs et revenaient à l'amour de Dieu et de leur prochain. À l'un de ses prêches à Vicence accoururent quatre cent mille auditeurs. Il avait pris pour thème les paroles de l'Écriture : « Je vous donne ma paix ; je vous laisse ma paix. » Après avoir fait un tableau épouvantable des maux de la guerre et des effets de la discorde, il commanda aux cités lombardes de mettre un terme à leurs inimitiés, en leur offrant au nom de l'Église un traité de pacification universelle.

« Jamais, note l'historien, le Moyen Âge n'offrit un spectacle plus émouvant et plus sublime. Le discours de frère Jean remplit ses auditeurs d'un saint amour de la paix ; les villes qui étaient en guerre entre elles jurèrent de mettre fin à leurs discordes[1]. »

Une fois rassemblées, les cités lombardes se sentirent fortes. Elles réclamèrent leur liberté à l'empereur. Frédéric II, une fois l'Allemagne organisée, fit élire son fils Conrad roi des Romains et descendit en Italie avec une puissante armée. Les municipalités demandèrent protection au pape. C'est ainsi que recommença la funeste dissension entre l'Église et l'Empire. Vers la fin de 1237 les milices communales subirent une dure défaite à Cortenuova. Pendant un moment le rêve de Frédéric II sembla près de se réaliser. La puissance impériale dominait l'Italie ; le pape désarmé ne pouvait opposer aucune barrière à la menace qui pesait sur la liberté de l'Église. Il n'avait pour sa défense que l'armée des frères.

Frère Élie était alors à l'apogée de sa réputation. L'aversion des zélés ne s'était pas encore manifestée, couvant sourdement dans les couches les plus profondes de l'ordre, qui semblait un bloc solide et compact dépourvu d'hostilité. Pour l'intelligence, la science, le tact et l'énergie, pour l'autorité et le prestige dont il jouissait même auprès de l'empereur, frère Élie semblait l'homme le plus indiqué pour se rendre comme légat à la cour impériale. Comme les humbles petits frères demandaient et obtenaient la paix des populations, lui, leur général, devait demander et obtenir la paix de l'empereur.

1. Joseph-François Michaud, *Histoire des croisades*, *op. cit.*, t. IV, p. 47. Les Frères mineurs apparaissent comme les collaborateurs les plus ardents du Saint-Siège. Prédicateurs populaires, missionnaires, ambassadeurs, leur action se voit partout avec des résultats surprenants. Il faut noter que cette action, voulue par le Saint-Siège, était cependant organisée par le ministre général de l'ordre, ce qui explique les fréquents séjours de frère Élie à la cour pontificale qui lui ont été si âprement reprochés par frère Salimbene. Mais il préférait les modestes séjours à la Portioncule ou dans l'ermitage des Celle à Cortone. Il demeurait aussi, par devoir, dans le couvent de la basilique, alors bien loin de sa magnificence actuelle.

La mission était gratifiante et glorieuse. Elle avait pour objectif le bien de l'Église, de l'empereur et de tous les peuples chrétiens. Elle devait sceller l'unité du monde chrétien dans la concorde entre le trône et l'autel. Frère Élie espéra réaliser cet accord. À partir de ce moment, ce serait le rêve de toute sa vie. Mais aussi la cause de toutes ses mésaventures.

V

Frère Élie pénitencier à la cour impériale

EMPEREUR d'Allemagne, roi de Sicile et roi de Jérusalem, Frédéric II était alors le monarque le plus puissant d'Europe. Sa cour était la plus riche et la plus brillante de l'époque. Frère Élie allait représenter la plus haute puissance spirituelle du monde : légat du pontife, il était l'image de la personne même du pontife. Frère Élie voulut comparaître avec la pompe adéquate à son grade éminent. Les accusations d'orgueil et de luxe à son endroit ont probablement leur origine dans les événements de cette mission diplomatique. Le faste – nécessaire – d'une brève période de sa vie fut imputé à toute sa vie.

Aux premiers jours de février 1238, après avoir traversé Florence et Bologne, frère Élie atteignit Parme et s'arrêta au couvent des Frères mineurs, dit Saint-François del Prato, édifié quelques années auparavant. Tancrede Pallavicino, abbé du monastère de Saint-Jean-l'Évangéliste, lui offrit un somptueux dîner ; puis frère Élie reçut la visite de Gérard de Corrège, maire de Parme, qui vint en personne au couvent avec de nombreux cavaliers, pour montrer son respect. Frère Élie était assis auprès d'un grand feu, la tête enveloppée dans un bonnet arménien, si fatigué qu'il ne put se lever quand apparut le maire. Reçu avec courtoisie, le maire eut avec lui une conversation familière, lui demandant les raisons pour lesquelles il était parti en voyage en une saison aussi froide. Frère Élie, qui avait l'habitude de parler en images, répondit qu'il y avait été attiré et poussé par deux forces qui avaient sur l'esprit une force égale : il était attiré par l'empereur à qui il était très dévoué et poussé par le pape qui l'envoyait à ce dernier, en somme il était adressé à un ami par un autre ami ; cette réponse, note le chroniqueur, fut réputée ingénieuse et sage par ceux qui l'entendirent[1].

Ce fut à cette occasion que frère Élie reçut dans l'ordre un jeune homme de noble famille, recommandé par frère Gérard de Modène, appelé Ognibene degli Adami. Par humilité il transforma son nom en Salimbene et serait plus tard l'auteur des fameuses *Chroniques*, si funestes à la réputation de frère Élie[2].

Nous ne savons pas combien de temps dura la mission de frère Élie auprès de l'empereur ni le résultat qu'elle obtint. Tout ce qui se rapporte à frère Élie fut détruit avec acharnement, après qu'il fût devenu le scandale de l'Église et de l'ordre. Nous le retrouvons peu après à Assise, où il vint rencontrer Guido degli Adami, avec une lettre de l'empereur pour qu'il lui rende son fils entré dans l'ordre[3].

Le comportement de frère Élie en cette circonstance est exemplaire. Il remit à Guido degli Adami une lettre pour les frères du

1. Frère Salimbene juge discourtois ce comportement : « *rusticitas maxima reputata* ». Le chroniqueur exagère. D'ailleurs le légat du pape était un personnage si important qu'il n'aurait dû se lever que pour l'empereur. En fait le maire de Parme ne s'offusqua pas et demeura à bavarder honorablement avec frère Élie (père Ireneo Affò, *Frate Elia*, *op. cit.*, p. 80).

2. Frère Gérard de Modène de la riche et puissante famille des Boccabadati, fut l'un des premiers compagnons de saint François. Les Parmesans lui confièrent la seigneurie de Parme, en l'acclamant comme maire ; et il rétablit la paix et l'amitié chez beaucoup de citoyens qui étaient en désaccord. Frère Gérard, note Salimbene, y tenait beaucoup

3. La lettre commençait ainsi : « Pour adoucir la douleur de Guido d'Adamo, notre fidèle [...] » et recommandait « s'il tenait à sa grâce », de rendre à son père le jeune Ognibene. Le chroniqueur ajoute : « Frère Illuminé, qui était alors secrétaire de frère Élie et reportait sur un registre spécial toutes les lettres importantes que les princes de la terre envoyaient au ministre général, me montra cette lettre quand je me trouvai habiter avec lui au couvent de Sienne. »

couvent de Fano, où habitait frère Salimbene, leur enjoignant « si on ne faisait pas violence à sa volonté, de rendre sur le champ par sainte obéissance le frère à son père ; mais s'il ne voulait pas retourner avec son père, de le garder et d'avoir soin de lui comme de la prunelle de leurs yeux ». Et ayant appris la ferme détermination de frère Salimbene, il lui envoya un salut et un signe de sa reconnaissance, en lui faisant savoir que s'il avait voulu demeurer dans une autre province de l'ordre, il aurait aussitôt fait en sorte qu'il puisse aller où il voulait[1]. Frère Salimbene, pour fuir la colère de son père, demanda à aller en Toscane et reçut peu après l'accord de frère Élie pour se rendre à Lucques, où il demeura deux ans ; puis il resta deux ans à Sienne et ensuite quatre ans à Pise[2].

À cette occasion, se manifestent les dons éminents de frère Élie, à la fois paternel et autoritaire, défenseur énergique de ses frères devant la plus haute puissance terrestre et gardien jaloux des prérogatives de l'ordre. Les accusations qui lui furent

1. Le récit de frère Salimbene est très représentatif des coutumes de l'époque et montre quelle force d'attraction avait alors l'ordre. Le jeune frère Salimbene avait à peine 16 ans. Le père vint le chercher, accompagné de nombreux soldats, dans le couvent de Fano. « Les frères étant réunis avec les séculiers dans le chapitre, on fit beaucoup de discours de part et d'autre et mon père sortit la lettre du ministre général et la montra aux frères. Frère Jérémie, custode du couvent, la lut à haute voix et dit à mon père : "Messire Guido, nous ne sommes pas insensibles à la voix de votre douleur et nous sommes prêts à obéir à la lettre de notre père. Votre fils est ici ; son âge lui donne le droit de disposer de lui-même ; parlez-lui, interrogez-le. S'il veut venir avec vous, au nom de Dieu qu'il vienne ; mais s'il ne veut pas venir, nous ne pouvons lui faire violence." Mon père me demanda alors si je voulais rentrer avec lui. "Non, lui répondis-je, parce que le Seigneur dit à saint Luc : *Celui qui, ayant mis la main à la charrue, ne regarde pas en arrière, est apte au royaume de Dieu.*" Et mon père ajouta : "Tu ne te soucies ni de ton père, ni de ta mère, qui sont affligés et angoissés." Et je répondis : "Je ne m'en soucie pas car le Seigneur a dit à saint Matthieu : *Qui aime son père et sa mère plus que moi n'est pas digne de moi.*" »

2. Frère Salimbene, *Chroniques*, trad. Pochettino, p. 13-14.

adressées ensuite[1] ne trouvent aucune confirmation dans les faits ; en revanche, des documents qui sont parvenus jusqu'à nous émergent les vertus de sa grande âme.

Pendant que, pour le compte du Saint-Siège, les Frères mineurs prêchaient la croisade dans le monde entier et recueillaient d'énormes sommes pour la guerre sainte[2], frère Élie poursuivait avec ferveur les travaux de la basilique. La diffusion de l'ordre avait propagé le culte de saint François. De toutes parts les fidèles venaient vénérer la tombe du *Poverello*. Suivant les directives du Saint-Siège, frère Élie fit placer à la porte de la basilique un bassin de marbre pour recueillir les offrandes des pèlerins[3].

Aux compagnons de la première heure du *Poverello*, cette mesure parut une profanation. Ils se rendirent à Pérouse pour demander conseil à frère Egidio, qui leur répondit sagement et prudemment : « Cette délégation peut parcourir la distance d'Assise à Pérouse, mais moi, il me suffit d'un petit coin pour demeure ». Cette réponse était un conseil explicite de modération. Elle était dans le plus pur esprit franciscain. Elle ne fut pas entendue. Un groupe d'exaltés, parmi lesquels le bienheureux Andrea da Spello, fit irruption à Assise et, avec violence, arracha

---

1. *Quod manifeste destruit Ordinem*, fait dire au pape le *Speculum Vitæ*.
2. « Ils reçurent du pontife non seulement la faculté de donner la croix, mais aussi celle de changer le vœu du pèlerinage en offrande pécuniaire [...] Ils recueillirent ainsi des sommes énormes et n'y manquait ni la solennité de leur mission, ni la sainteté de leur caractère pour les défendre contre les accusations et les soupçons de la multitude » (Joseph-François Michaud, *Histoire des croisades*, *op. cit.*, t. IV, p. 49-50). Ce sont les mêmes accusations que celles qui viseront frère Élie.
3. Ce fait, que le *Speculum Vitæ* situe en 1227, doit plutôt être placé en 1238. Comment pouvait-on mettre en 1227 un tronc à la porte de la basilique quand la basilique n'existait pas encore et qu'il n'y avait même pas le terrain pour la construire ? Les anciennes sources sont pleines d'anachronismes. Azzoguidi est pour la date de 1238 (*Sermones in Psalmos*, *op. cit.*, p. LIV).

le bassin. Les coupables furent sévèrement punis et expulsés dans la honte de la ville[1].

Ce petit incident n'influa pas sur les travaux, qui continuèrent avec un zèle ardent. En 1239 fut achevé le campanile et les cloches furent fondues. Frère Salimbene en parle avec admiration, rappelant le son harmonieux qui remplissait la plaine et les collines. La plus grande avait été donnée par les ministres provinciaux et reçut le nom d'*Italienne*[2].

Le couvent aussi était presque fini. L'immense construction se dressait désormais superbe, moitié église et moitié forteresse, dominant tout le pays de sa masse gigantesque, monument divin plus qu'humain de la gloire du *Poverello*.

Une fois que frère Egidio se trouva à Assise pour prier sur la tombe de saint François, il fut emmené visiter le couvent, et comme les frères lui montraient avec fierté le superbe édifice qu'ils avaient élevé : « Petits frères, leur dit le vieux compagnon après avoir tout admiré, il ne vous manque plus que d'avoir des femmes. » Et comme les frères étaient scandalisés par ces paroles, il leur répliqua : « Petits frères, vous savez bien qu'il ne vous est

1. L'intervention de frère Léon est invraisemblable dans cet acte de violence qui est un symptôme du mécontentement qui s'accumulait contre frère Élie. Elle n'est pas reconnue par le père Cuthbert, capucin, auteur d'une étude sur frère Léon, publiée dans le *Bulletin de la Société internationale des études franciscaines* à Assise, An XXXII, fasc. XIII (avril 1935).

2. Les inscriptions des deux cloches nous sont parvenues. L'une était : *A.D. 1239, Fr. Helias fecit fieri. Bartholomeus Pisanus me fecit cum Lotharingio filio ejus. Ora pro nobis, Beate Francisce. Ave Maria, gratia plena. Alleluiah !* L'autre : *A. D. 1239, Papæ Gregorii tempore Noni Cæsaris ac potentissimi Frederici, o Francisce pie fratris regnat, Christus vincit, Christus imperat, Mentem sanctam, spontaneam, honorem Deo et patriæ liberationem quum fit campana, quæ dicitur italiana, Bartholomeus Pisanus fecit cum Lotharingio filio ejus. Ave Maria, gratia plena; Dominus tecum, benedicta tu in mulieribus et benedictus fructus ventris tui* (Fratini, *Storia della basilica*, Prato, 1882, p. 398 et 498 ; Thode, *Saint François d'Assise et les origines de l'Art de la Renaissance en Italie*, Ulan Press, 1923, p. 208).

pas permis de vous dispenser de la pauvreté ni de la chasteté. Puisque vous avez écarté la pauvreté, il vous sera facile d'écarter aussi la chasteté[1]. »

L'incompréhension des *zélés* ne désarmait pas. Ils s'obstinaient à ne vouloir voir la gloire que dans la misère. Ils ne voulaient pas comprendre que la magnificence aussi est un don du Seigneur, qui s'accorde bien aux choses grandes et pures. Ils en étaient restés à la conception des premiers jours, quand saint François apparaissait comme un fou ou un simple d'esprit aux foules aveugles. Mais maintenant François le fou avait été élevé sur les autels, c'était un très grand saint. Il était devenu dans le monde une immense force spirituelle, qui s'étendait et s'accroissait continuellement dans le temps et dans l'espace. Il devait nécessairement, pour sa propre loi, se manifester concrètement en œuvres visibles : en pierres et en couleurs, en bronze et en marbre, en pensée et en chant comme en foi et en sainteté.

Avec la fulgurance du génie, frère Élie avait exprimé avec une hauteur incomparable l'idéal franciscain dans la pierre durable. De la glorieuse tombe d'Assise surgiront l'inspiration et l'impulsion à l'action qui renouvelleront l'esprit et la conscience de l'humanité et seront vraiment, nous le voyons bien aujourd'hui après des siècles de développement ininterrompu, une *renaissance dans le Christ*.

Quand saint François s'armait pour rejoindre le preux Gautier de Brienne, il avait vu en songe un grand palais décoré d'or et de marbre, et une voix lui avait dit : « C'est pour toi et tes

1. *Vita fratris Aegidii*, in *Analecta Franç*, t. III, p. 90. Pendant les fouilles faites pour libérer la crypte, furent retrouvées les traces d'un aqueduc qui apportait l'eau d'un aqueduc romain au couvent. La conduite était constituée de gros blocs rectangulaires de travertin avec un creux circulaire de 20 cm de diamètre. Cela explique la réputation des Frères mineurs d'avoir été les plus habiles constructeurs d'aqueducs du Moyen Âge. Les maires d'Ombrie demandent des maîtres fontaniers aux franciscains d'Assise pour s'occuper du service des eaux. Le mérite en revient indubitablement à frère Élie.

chevaliers. » Maintenant le songe se réalisait. Pour garder son corps, un palais avait surgi par la volonté de frère Élie. La roche avait été creusée jusqu'à une profondeur inhabituelle pour faire de la tombe du saint une forteresse inexpugnable. Sur sa tombe, fut érigée une première basilique solide et massive, aux arcades basses, avec des fenêtres qui laissaient filtrer une lumière opaque, comme pour rappeler la vie pénitente du *Poverello* sur terre ; dominant celle-ci, surgit une seconde basilique avec des murs légers et des tours élancées, avec de longues fenêtres inondées de lumière, pour représenter la vie glorieuse du *Poverello* dans le ciel. Le plan du monument rappelle la croix du Seigneur ; les murs sont couverts de pierre blanche en souvenir de la Vierge très pure, flanqués de douze tourettes de pierre rouge en souvenir du martyre des Apôtres. Le campanile portait une pointe audacieuse, qui épouvanta les générations suivantes, par qui elle fut enlevée. Il est souhaitable qu'elle soit rétablie.

Mais les hommes du Moyen Âge ne croyaient pas avoir terminé un monument quand ils avaient élevé les pierres les unes sur les autres. Il fallait faire parler les pierres, et dans le langage de la peinture, compris des simples et des ignorants, pour qu'elles rendent visible le ciel avec tous ses anges et tous ses saints. Les tours des deux basiliques furent donc couvertes d'une étendue d'azur parsemée d'étoiles d'or ; sur les murs se déroulèrent les mystères des deux Testaments et la vie de saint François continua le livre de la révélation divine.

Mais comme pour montrer qu'on ne pouvait pas approcher impunément la tombe miraculeuse, les peintres appelés à la glorifier par leurs fresques se sentirent envahis d'un esprit nouveau : ils commencèrent à manifester un idéal plus pur, plus vif que celui des vieux modèles byzantins, qui avaient eu leur grandeur, mais étaient désormais depuis des siècles en décadence. Guido da Siena et Giunta Pisano se détachèrent ainsi peu à peu des maîtres grecs, dont ils animèrent la rigidité et adoucirent la sécheresse. Puis vint Cimabue, qui représenta toute l'histoire sacrée en une série de fresques sur l'église supérieure que le temps a mutilées. Mais sept siècles n'ont pas endommagé la splendeur des têtes du Christ, de la Vierge et de saint Jean, peintes au sommet de la tour, ni l'image des quatre grands docteurs, où la majesté byzantine est déjà adoucie par une nouvelle auréole d'immortelle jeunesse. Enfin apparut Giotto. C'est à lui qu'on doit le Triomphe de saint François peint en quatre volets sous l'autel de l'église inférieure. La célébrité de cette fresque est mondiale; mais sa partie la plus émouvante est celle où sont représentées les noces du Serviteur de Dieu avec la Bienheureuse Pauvreté. La pauvreté y est représentée sous les traits d'une femme parfaitement belle, mais au visage amaigri et aux vêtements en lambeaux; un chien lui aboie après, deux enfants lui jettent des pierres et mettent des épines sur son chemin. Sereine et joyeuse, elle tend la main à saint François; le Christ lui-même unit les époux et au milieu des nuages apparaît l'Éternel, accompagné de sa cour d'anges, comme si le ciel et la terre avaient voulu s'unir pour glorifier l'amour du *Poverello*. Plus aucun souvenir de la peinture grecque; tout cela est nouveau, libre, frémissant d'inspiration. L'œuvre créatrice sera continuée par les disciples de Giotto: Cavallini, Taddeo Gaddi, Puccio Capanna. Dans la variété de leurs compositions, on reconnaît l'unité de la foi et du sentiment. Leur vrai maître a été saint François; lui seul a pu leur communiquer à un degré si élevé la chaleur et la puissance de l'expression. Plus que tous, Giotto, qui avait du génie, fut pris du feu sacré. À Assise, il commença cet apostolat qui le mena à Pise, à Padoue, à Naples, à Avignon, laissant partout non seulement des œuvres admirables, mais aussi des disciples par centaines pour l'égaler, le surpasser et pousser ainsi l'Italie entière dans cette nouvelle vocation qui devait le couronner d'une gloire immortelle.

Mais l'inspiration, qui avait suscité cette féconde école de peintres et d'architectes, devait donner naissance à de nouvelles forces spirituelles: la renaissance des arts annonçait la renaissance des lettres. Quand un peuple entier commence à entasser les pierres en colonnes, en ogives et en flèches ; à couvrir les murs de ses édifices de fresques et de mosaïques ; à couronner ses monuments de figures et d'emblèmes, il faut en conclure que ce peuple porte en lui une pensée originale qui apparaît déjà sous le symbole architectural, manifesté clairement dans le tracé du dessin et qui trouvera bientôt dans les mots son expression précise et parfaite. À la suite des grands artistes, toute une génération de poètes descendra des collines d'Assise : frère Pacifico, saint Bonaventure, Giacomino da Verona, Jacopone da Todi préparent le chant immortel de Dante.

Tel fut le véritable rôle de frère Élie : Comme nous sommes loin des ragots rancuniers de frère Salimbene ! Loin de l'obscurantisme aveugle des *zélés* ! Ceux-ci avec leur violence intransigeante minaient l'existence même de l'ordre. Se vantant de leur familiarité avec le saint fondateur, ils portaient le désordre et la rébellion dans la fondation. L'ordre franciscain était devenu une immense armée ; gare à ceux qui auraient manqué à la discipline et à la hiérarchie ! Les *zélés* prétendaient au contraire l'organiser encore comme s'il s'agissait de la petite patrouille chevaleresque des premiers jours. Ils croyaient ainsi rester fidèles à l'idéal de leur grand maître. Frère Élie ne fut pas moins attaché qu'eux à cet idéal : seulement eux le portaient *en rêve* ; Élie le traduisait *dans la réalité*. Le pape, et il ne pouvait en être autrement, donna raison à frère Élie. Par la bulle *Cum secundum consilium* du 23 mars 1237, il condamnait ouvertement les rebelles, les solitaires qui par excès de zèle s'étaient placés hors de la discipline de l'ordre[1]. Les *zélés* durent revenir à l'obéissance ou se disperser. Bernard de Quintavalle resta caché deux ans dans un ermitage au sommet

1. Le pape les ayant sanctionnés, frère Élie exerçait un droit et un devoir de sa charge en adoptant des mesures de rigueur contre les rebelles à la discipline sanctionnée par l'Église. Les sources qui le lui reprochent, étant postérieures de près d'un siècle, sont pleines d'anachronismes et perdent donc toute fiabilité. C'est l'esprit de parti qui parle en elles. Frère Salimbene lui-même témoigne de la modération de frère Élie.

d'une montagne, et ce n'est qu'après la chute de frère Élie qu'il retourna parmi les frères, vivant dans le couvent de Sienne où le rencontra très vieux frère Salimbene.

Plus tragique fut le sort de Césaire de Spire. Césaire n'était pas un simple d'esprit inoffensif, c'était un savant, un illustre orateur, que frère Élie lui-même avait reçu dans l'ordre pendant le siège de Damiette. Devenu intime de saint François, il avait collaboré avec lui à la rédaction de la Règle. C'était un personnage en vue dans tout l'ordre. Son exemple était donc dangereux, il pouvait constituer un centre actif de rébellion. En une époque agitée et turbulente, où les hérésies s'infiltraient même dans les institutions les plus saintes, un schisme aurait été une grave menace pour le développement de l'ordre. Frère Élie fit ce qu'aurait fait n'importe qui à sa place, et le fit avec un esprit de grande modération : il chercha simplement à l'isoler. Pour employer un terme militaire parfaitement adapté aux circonstances, il mit Césaire « aux arrêts ». Il fut enfermé dans sa cellule avec interdiction de communiquer avec quiconque. On lui donna comme gardien un fidèle de frère Élie dont les chroniques rappellent le nom : frère Giovanni delle Laudi, homme simple et très robuste. Selon la légende, Césaire de Spire mourut des sévices subis dans le lieu où il avait été enfermé : on en attribua la faute à la cruauté de frère Élie[1]. C'est probablement pure légende.

1. Les aventures de frère Césaire de Spire sont racontées dans la *Chronique* de frère Jourdain de Giano, qui s'arrête en 1223, quand Césaire, après avoir organisé la mission en Allemagne et en avoir eu la direction pendant deux ans, retourna chez saint François. Mais son nom ne se trouve ni dans les *Conformités* de Bartholomée de Pise, ni dans le *Provinciale* d'Eubel, ni dans le *Catalogus SS Fratrum* de Lemmens, ni dans la *Chronique des XXIV Généraux*. Il faut attendre le célèbre frère Ange Clareno pour trouver dans son *Chronicon de septem tribulationibus Ordinis* (autour de 1323) le récit de la tragique fin de Césaire, attribuée par les *zélés* à la cruauté de frère Élie, récit tu par Salimbene et Eccleston, et mis en doute par Affò. Le témoignage de saint Bonaventure suffit à détruire tous ces récits malintentionnés.

Après la chute de frère Élie, furent lancées contre lui les accusations les plus invraisemblables. Le *Speculum Vitæ* recueille sans discussion et sans contrôle les plus absurdes ragots. Il place en 1239, face à frère Élie, en situation de violent accusateur, saint Antoine de Padoue, mort en 1231 et canonisé depuis plus de sept ans ! Cet évident anachronisme en dit long sur la valeur du témoin.

Il faut affirmer nettement que jusqu'à ce moment la conduite de frère Élie est irréprochable. Personne n'est plus fidèle que lui à l'esprit de saint François. Il maintient l'ordre exactement dans la voie tracée par le saint fondateur. C'est un fait que durant la longue période où frère Élie fut à la tête de l'ordre, on ne trouve que huit bulles pontificales en faveur de l'ordre ; mais quatre ne font que confirmer des bulles précédentes, deux se réfèrent à un passage d'un ordre à l'autre et ne constituent pas un privilège pour les Frères mineurs. Il ne reste donc que deux privilèges pour tout le généralat d'Élie : l'un qui exempte les frères d'êtres traduits en justice (*privilegium fori*) sans une dispense pontificale qui fasse état d'un cas exceptionnel ; l'autre, qui est vraiment un privilège, pourvoit à ce que personne ne puisse obliger les frères à recevoir des commissions d'affaires. Dans les deux ans qui suivirent la déposition de frère Élie, le pape accorda à l'ordre un nombre sept fois plus grand de privilèges[1].

On ne peut donc inculper frère Élie ni de relâchement dans l'observance de la Règle, ni d'avoir cherché des privilèges pour l'ordre. En maintenant une discipline rigoureuse parmi les frères, en guidant leur action avec une adresse surhumaine, il porta l'ordre à l'apogée de la célébrité et de la puissance. Son extraordinaire habileté lui permit d'être à la fois ami du pape et de l'empereur, un conseiller de modération dans l'un et l'autre camp.

C'est ici, et non ailleurs, qu'il faut rechercher le secret de la disgrâce de frère Élie. Frédéric II fut un homme extraordinaire,

1. Édouard Lempp, *Frère Élie de Cortone*, *op. cit.*, p. 101-102.

presque mystérieux pour nous. Il fut exactement l'opposé de saint François. Il représente au degré suprême, en face de la suprême pauvreté du *Poverello*, tout entier foi et intuition, les droits de la raison humaine. Sa philosophie était empruntée à la phrase d'Averroës : « La religion propre des philosophes est d'étudier ce qui est[1]. » Il reste pour l'Histoire le véritable créateur d'un régime social que rien, dans le passé de la chrétienté, ne faisait pressentir. Avec lui commença une initiation intellectuelle qui eut des effets durables dans le temps, préparant l'épanouissement de notre civilisation moderne. Justement l'Église le tient pour seul responsable des périlleuses innovations qui alors troublèrent la foi.

Né peu après saint François, baptisé sur les mêmes fonts de Saint-Ruffin, par un miraculeux équilibre préparé par la Providence, il semble exactement le pôle opposé à saint François : raison humaine, raison divine, génie contre génie. De sang allemand par son père, de sang normand par sa mère, de sang italien par sa naissance et son caractère ; pupille d'un pape, disciple de deux cardinaux, parlant toutes les langues de sa famille : l'italien, l'allemand, le latin, le grec, le provençal, l'arabe, l'hébreu : il fut vraiment un homme universel. « Son cœur, écrit Bruno Latini, ne battait pour rien d'autre que pour être seigneur et souverain de tout le monde ». Sa vaste intelligence, libre de préjugés et de scrupules, l'aurait peut-être porté à l'empire universel, si le pape n'avait endigué son ambition immodérée et contenu son influence dans les limites qui apparaissent aujourd'hui à notre raison, fortifiée par l'expérience, providentielles et capitales pour nous.

Frédéric II est le précurseur de l'État moderne. Entre lui et son aïeul Barberousse, il y a un abîme. Ce dernier est l'empereur médiéval par excellence, un roi des Romains analogue à tous ses prédécesseurs, suprême représentant du système féodal européen.

1. Renan, *Averroës et l'Averroïsme*, Ch. Lahure, Paris, 1852, p. 167.

La notion fondamentale de l'État, des relations entre le souverain et les sujets est radicalement transformée par Frédéric II. L'empire féodal disparaît du royaume des Deux Siciles. Frédéric II impose la monarchie absolue, l'État moderne, dominateur et centralisateur. Le Moyen Âge semble fini au moins deux siècles et demi plus tôt que dans toute autre partie de l'Europe. Une seule volonté, une seule autorité, une seule raison existent dans le royaume : l'empereur, qui se donne le titre de « loi vivante sur la terre ».

Cette doctrine, en avance de quelques siècles sur son temps, constituait un danger pour le Saint-Siège et la chrétienté tout entière, dont elle détruisait l'ordre, lentement édifié par les générations précédentes. La suprématie des clés de saint Pierre sur l'épée était niée par l'empereur au moment même où elle était le plus profondément reconnue par les populations. L'empereur est le successeur de César, mais le pape est le vicaire du Christ. Si l'épée de l'Empire est l'exécutrice de la justice divine, elle doit être assujettie à l'Église, qui représente cette justice. Telle est la tradition constante du Saint-Siège. La tragédie de Frédéric II ne fut pas de l'avoir simplement niée, mais d'avoir voulu la concilier avec sa nouvelle conception de l'État et de ses rapports avec l'Église. Pendant qu'il proclamait sa foi dans le primat mystique du Saint-Siège, l'empereur, au nom de la raison d'État et avec la nouvelle constitution de l'État, venait se placer entre les évêques et le pape, entre l'évêque de Rome et la conscience des sujets. Dans sa lutte contre Rome, il se fondait sur l'autorité qui lui venait de Dieu pour lancer des encycliques aux rois, aux comtes, aux républiques chrétiennes, pour dénoncer les torts de l'Église. C'est pourquoi il apparaissait à l'opinion commune de ses contemporains comme l'ennemi implacable du christianisme.

C'était un athée, affirme de lui Salimbene, qui énumère tous ses vices : fourberie, avarice, luxure, cruauté, colère, sans compter les étranges histoires que l'on racontait à voix basse, au fond des couvents, sur ce terrifiant personnage. Dans sa cour, qui est comme une université de la libre pensée, vivent en bonne harmonie chrétiens et juifs, grecs et arabes, philosophes et épicuriens. L'empereur, son fils Manfred, le roi Enzo, le chancelier Pier delle Vigne sont tous poètes et leurs chants donnent vigueur et noblesse artistique au parler vulgaire. Maître Théodore, chimiste et polyglotte, écrit la correspondance arabe de l'empereur ; Leonardo Fibonacci introduit en Italie le calcul algébrique. Un disciple des écoles d'Oxford, de Paris et de Tolède, Michel Scotto, chrétien régulier protégé de Grégoire IX, traduit en latin les commentaires aristotéliciens d'Averroës, et en particulier celui du *Traité de l'âme*. L'empereur discute de métaphysique transcendante avec le juif Yehuda Ben Schlomo Cohen et avec le mahométan Ibn Sabn de Murcia, fonde la célèbre école de Salerne pour l'étude de la médecine, écrit lui-même un traité, *De arte venandi cum avibus*, traité sur l'anatomie et la fauconnerie. Les gens crédules racontent des choses terribles sur ses expériences. Ses plongeurs étudient le fond des mers et ses astronomes explorent la distance entre la Terre et les astres. Une si grande curiosité semble sacrilège aux contemporains, qui y voient le signe de l'orgueil et de l'impiété. Frère Salimbene, avec son habituelle exubérance, la qualifie de superstition, de malveillante perversité, de présomption et de folie scélérate.

Pour les bons chrétiens, pour l'Église, pour les guelfes, Frédéric II fut une image de l'Antéchrist. Et pourtant il ne tenta jamais de provoquer un schisme dans l'Église, pas même aux moments les plus durs de la lutte. Il appelait avec mépris Milan « le repaire des Patarins (Cathares) ». Dans les actes de sa chancellerie, il appelait l'Église romaine « sa mère » ; il invoque Dieu comme témoin de sa fidélité au symbole approuvé par l'Église, à la discipline universelle de l'Église[1]. Ainsi, malgré ses infidélités, il maintint jusqu'à la fin son adhésion formelle au christianisme romain.

1. *Huillard-Bréholles, Introduction à l'histoire diplomatique de* l'empereur Frédéric II, Plon, Paris, 1858-1859, t. IV, p. 336, 473 et 811.

Un livre précieux pour l'intelligence de ces temps singuliers, *Il Novellino*, célèbre l'empereur comme véritable miroir de l'univers par la sagesse, la modération, la justice et la libéralité. Dans sa cour, où les âmes sont si hautes, resplendissent la magnanimité et la magnificence. Frédéric II avait en outre un pouvoir de séduction personnelle très fort, lequel, multiplié par le prestige royal, persuadait irrésistiblement tous ceux qui l'approchaient.

Sans aucun doute, frère Élie fut sous le charme. Dans la lutte violente entreprise contre la papauté, avoir pour lui le général des Frères mineurs était un immense avantage. Frédéric II doit s'être donné du mal pour y arriver. Au fond, qu'est-ce que l'empereur disait vouloir? Il voulait ramener l'Église à l'idéal évangélique; il voulait la rendre chaste, pure, sainte, consacrée exclusivement aux pratiques de la vertu; il la voulait libre de tout souci terrestre, exerçant l'apostolat chrétien indépendamment de sa hiérarchie spirituelle, en sécurité à l'intérieur des frontières de la paix impériale. Certes c'était un songe sublime digne de tenter une grande âme. Frère Élie rêva, espéra un moment être l'artisan de la réconciliation. Il était en avance de sept siècles sur les événements. C'est son erreur et sa gloire.

La perte de tout document relatif aux activités de frère Élie est très regrettable. Frère Salimbene rappelle avoir vu près du frère Illuminato, qui fut secrétaire de frère Élie, un registre où étaient copiées les lettres importantes que recevait le général et les réponses qu'il leur faisait. Un tel registre donnerait des traces sûres pour raconter les événements. Mais, en l'absence de documents certains, nous devons retracer la probable vérité d'après les récits confus qui nous en sont parvenus.

La mission de frère Élie auprès de Frédéric II n'eut pas le résultat souhaité. L'empereur était trop irrité contre les villes rebelles de Lombardie et accusait le pape d'avoir fomenté la rébellion. La majesté impériale exigeait des réparations adéquates. Il voulait la paix religieuse avec l'Église; mais il voulait aussi la paix politique dans les terres de l'Empire. L'Église, ayant une responsabilité plus haute, devait être la première à donner l'exemple : frère Élie doit certainement avoir conseillé la modération au pape. Avec sa grande intelligence politique, il avait prévu dans le différend un résultat dommageable pour les deux ennemis, quelles que soient les péripéties de la lutte. La proximité et la confiance de l'empereur avaient persuadé frère Élie que l'accord n'était pas possible ; en revanche un peu de complaisance réciproque semblait facile : c'était surtout éminemment souhaitable pour le bien de la chrétienté.

Ces conseils durent déplaire à la curie, qui s'apprêtait à reprendre le combat avec une violence renouvelée[1]. L'échec de Frédéric II à Brescia avait annulé les effets de la victoire de Cortenuova ; la résistance s'organisait de nouveau en Italie ; les villes guelfes reprenaient courage. Le moment parut propice pour reprendre la lutte. Henri, fils naturel de Frédéric II, s'était à ce moment approprié la Sardaigne, fief de l'Église, et au lieu de se soumettre au Saint-Siège, il s'était déclaré vassal de l'empereur. Il rendait ainsi évident le dessein de l'empereur d'assujettir toute l'Italie, qui parut, à juste titre, une menace pour l'indépendance même de l'Église. D'un côté et de l'autre manqua la modération, alors que la modération aurait suffi à rétablir la paix dans les esprits. Désormais, il n'y avait pas d'autre voie que la guerre à outrance.

Dans ces conditions, la présence de frère Élie à la direction de l'ordre franciscain parut dangereuse à la curie romaine.

---

1. Le père Affò eut l'intuition de cette opposition ; mais il ne développa pas cette brève mention : « L'issue malheureuse de cette légation d'Élie semble aux bons frères un motif opportun pour montrer au pape comme il connaît mal son ambassadeur, en le soupçonnant de gibelinisme, comme si, pour mieux épouser le parti de l'empereur, il n'avait pas voulu mieux traiter la cause de l'*Église avec Frédéric* » (Vita di Frate Elia, op. *cit., p. 81). Les « bons fr*ères » ne furent qu'un instrument pour abattre frère Élie ; le véritable artisan de sa chute fut le parti guelfe intransigeant, alors dominant dans la curie romaine.

L'ascendant qu'il avait sur l'esprit du pontife était une raison de plus pour l'éloigner. Les partisans de l'empereur ne manquaient pas à l'intérieur même de l'Église: le patriarche d'Aquileia, les cardinaux Ubaldini et Colonna, une grande partie de la noblesse romaine liée à l'empereur par les liens féodaux, l'ordre Teutonique. Les Frères mineurs avaient été jusque-là les plus fidèles alliés du Saint-Siège, milice populaire magnifique pour soulever la foule contre l'empereur maudit. Ils ne pouvaient tolérer un général de l'ordre partisan de l'empereur. En réalité, frère Élie était simplement partisan de la réconciliation. Il voulait la paix entre le pouvoir temporel et le pouvoir spirituel, un juste accord entre la dignité de l'un et de l'autre.

Mais quand la violence est déchaînée, ceux qui prêchent la modération apparaissent facilement dans leur propre camp comme violents et traîtres. Ce fut le cas de frère Élie. Une véritable conjuration fut organisée contre lui, à laquelle prit part surtout l'Anglais frère Arnolphe, pénitencier apostolique. C'est à Rome que se réunirent les adversaires les plus connus de frère Élie: Aymon de Faversham pour l'Angleterre, Richard Rufus pour la France, Jourdain de Giano pour l'Allemagne. Robert Grossetête était entré dans le complot en écrivant au pape et au cardinal Raynaud de se plaindre de frère Élie et de le dénoncer comme préjudiciable et dangereux pour le développement de l'ordre[1].

Grégoire IX connaissait frère Élie depuis près d'un quart de siècle. Pendant tout ce temps il avait pu apprécier à loisir ses qualités exceptionnelles. Il avait toujours trouvé en lui un collaborateur sage et fidèle. Si l'ordre des Frères mineurs apparaissait alors comme l'une des colonnes les plus fortes qui soutenaient l'Église, le mérite en revenait surtout à frère Élie. Le culte passionné que

1. Robert Grossetête, *Epistole*, éd. Luard, n. 58 et 59. Tous les conjurés appartiennent aux provinces transalpines. Aucun frère italien n'y apparaît. Le *Speculum Vitæ* cite pourtant saint Antoine de Padoue mort et canonisé depuis plus de six ans. En réalité la majorité était favorable à frère Élie.

tous deux portaient à la mémoire du *Poverello* unissait en outre les cœurs du pontife et du ministre général. Dans ces conditions attaquer de front frère Élie était courir à une défaite assurée. C'est pourquoi on tenta de contourner l'obstacle.

L'affaire des visites prenait des proportions démesurées. Les opposants élevèrent la voix. C'étaient tous des clercs, des docteurs de l'université, habitués aux chicanes : ils avaient la langue bien pendue. Ils donnèrent à cette querelle interne de l'ordre les proportions d'une affaire d'État, qui concernait toute l'Église. Frère Élie fut dépeint comme un tyran insupportable qui portait atteinte à l'ordre par son mauvais gouvernement. Le pénitencier Arnolphe alla jusqu'à dire au pape que le diable même, sous forme humaine, n'aurait pu inventer pour tromper les âmes une ruse plus perfide et plus terrible que ces visites[1].

L'exagération était manifeste. La présence de frère Élie à Rome suffit à confondre ses détracteurs. Grégoire IX avait alors 98 ans, mais montrait encore une admirable force d'âme. L'âge avancé, le long exercice de la vertu, son exemplaire piété le rendaient auguste, à la hauteur de la plus haute dignité apostolique. Frère Élie parla au pontife comme à son seigneur et père. Il avait toujours agi en toute chose fidèlement et en plein accord avec le Saint-Siège. C'étaient ses détracteurs qui voulaient bouleverser l'ordre par des innovations que le saint fondateur avait toujours désapprouvées et repoussées. Le pape donna raison à son vieil ami : il ne voulut même pas recevoir ses accusateurs[2].

Ces derniers, se voyant perdus, jouèrent le tout pour le tout. Ils attaquèrent de face frère Élie en présentant au pontife

1. Eccleston, *Analecta Franc.*, t. I, p. 234 et 242 ; Édouard Lempp, *Frère Élie de Cortone*, *op. cit.*, p. 128. Les visites ont pu donner lieu à quelques abus de la part d'étrangers. Mais elles n'étaient pas une institution nouvelle. Il est curieux qu'elles ne soient devenues intolérables qu'en 1238. Elles sont probablement le prétexte et non la raison de la disgrâce de frère Élie.
2. Jourdain de Giano, *Analecta Franc.*, t. I, p. 63 ; Édouard Lempp, *Frère Élie de Cortone*, *op. cit.*, p. 129.

un réquisitoire où étaient réunis et illustrés tous leurs motifs d'aversion contre leur général; en dernier, ils demandaient la réforme de l'ordre. Il faut croire, étant donné l'habileté des rédacteurs, que le mémoire avait une apparence solide et convaincante. Mais il n'eut aucun résultat immédiat. Le pape renvoya dans leurs provinces les délégués, en les invitant à préparer des propositions concrètes de réforme à discuter au chapitre général convoqué à Rome pour la Pentecôte de l'année suivante: c'était la seule autorité qui eût le pouvoir de statuer légitimement[1].

Il faut souligner l'irréprochable conduite du pontife. Les conjurés étaient si peu sûrs d'avoir raison qu'ils demandaient un coup d'État: la destitution du général par décret pontifical. Le pape les rappelle à l'observance de la Règle, qui réserve au chapitre général, convoqué tous les trois ans, sauf avis contraire du ministre général, soit la nomination ou la révocation du ministre, soit la réforme de l'ordre. Pour plus de précaution, le pape réunit le chapitre à Rome, sous sa surveillance directe. Personne ne pourra craindre qu'adviennent des irrégularités.

De cette première rencontre, frère Élie sortait vainqueur. Le pape lui avait donné raison; mais l'animosité de la curie demeurait vive et intacte contre lui. La lutte contre Frédéric II allait entrer dans sa phase la plus aiguë; il n'était pas possible qu'un ami de l'empereur, un conseiller de modération, demeurât à la tête de l'ordre franciscain[2]. Dans l'esprit de la

1. Jean de Komorowo, p. 318; Glassberg, p. 59; Lempp, *Frère Élie de Cortone*, *op. cit.*, p. 130-131. L'excuse des transalpins était qu'Élie ne convoquait jamais de chapitres généraux, où leurs voix pussent se faire entendre, mais seulement des chapitres cisalpins réunissant les seuls couvents d'Italie. Sans doute à cause de la difficulté de faire venir des frères des lointains pays où l'ordre s'était étendu. D'ailleurs seul le chapitre de 1236 justifie cette accusation.

2. Cf. Huillard-Bréholles, *Introduction à l'histoire diplomatique*, *op. cit.*, t. V, p. 346.

curie, le chapitre de 1239 n'était pas convoqué pour juger frère Élie, mais pour le démettre. Il fallait pour cela que la majorité se montrât fermement contraire à frère Élie. Dans ce but la curie adopta un moyen radical : frère Arnolphe s'occupa d'empêcher les partisans de frère Élie de participer au chapitre[1].

Frère Salimbene reprochera à frère Élie comme huitième faute « de vouloir garder le généralat de l'ordre même par la violence et d'avoir mis en œuvre de nombreuses astuces pour ne pas le laisser lui échapper ». Mais dans le même paragraphe le chroniqueur nous révèle à quelle ruse aurait recouru le sournois ministre : « Il a envoyé ordonner à tous les couvents que chaque jour les frères, dans la réunion capitulaire, récitent clairement, un par un comme en chœur, les versets du Psaume : “Ô pasteur d'Israël, tends tes oreilles [...]”, etc., l'allégorie de la vigne semblant vouloir désigner l'ordre [...]. Et en peu de mots il semble alors que tout le Psaume fasse allusion à l'ordre et à la religion de saint François ; et il est composé d'autant de versets qu'il y a d'années où le bienheureux François a vécu dans l'ordre, c'est-à-dire vingt[2]. » Voilà un trait révélateur de l'homme. Frère Élie, pour s'assurer la domination de l'ordre recourt à une singulière violence : les prières des frères. Il révèle le caractère calomnieux des accusations de violence et de machination, qui doivent plutôt être imputées à la partie adverse[3].

Malgré son indomptable énergie, Grégoire IX subissait la loi inéluctable des ans. Il restait toujours la figure centrale, mais souvent les moteurs n'étaient pas en lui, mais autour de lui. Dans l'affaire de la déposition de frère Élie, ces moteurs ont agi, pas sa volonté.

Frédéric II avait été de nouveau excommunié le dimanche des Rameaux 1239 : c'était la condamnation de frère Élie et de sa politique d'accords.

1. Frère Salimbene souligne la concomitance en 1239 de l'excommunication de Frédéric II et de la déposition de frère Élie, in *Chroniques*, p. 69.
2. *Ibid.*, p. 69-70.
3. Le psaume LXXIX s'applique très précisément au cas de frère Élie.

Toutefois, le chapitre général qui se réunit à Rome le jour de la Pentecôte (15 mai 1239) ne fut tout d'abord pas décisif. Le pontife lui-même l'inaugura, entouré de sept cardinaux, par une prédication sur Daniel 2, 29. Puis furent exposées les accusations contre frère Élie : dans l'importance des intérêts en jeu, qui impliquaient tout le patrimoine idéal de l'Église, les réclamations des conjurés semblèrent chose bien mesquine. Frère Élie y répliquait paisiblement et efficacement.

Grégoire IX connaissait bien la sincérité et la droiture de frère Élie. Il savait bien ce que valait l'homme. Son estime et son amitié pour lui n'avaient pas changé. Après la réponse d'Élie, il déclara close la discussion et ne voulut pas même accorder la parole à frère Aymon, qui allait renchérir sur l'accusation.

L'assemblée, calme jusque-là, devint tumultueuse. Les anciennes sources ne donnent aucun indice pour nous guider dans cette confusion. Les anachronismes se mêlent aux absurdités pour enlever tout crédit à leur récit. Il semble que dans le désordre, on voulait persuader le pape que la plupart des frères étaient exaspérés contre frère Élie. Des insultes vulgaires furent lancées contre le ministre ; quelqu'un osa dépasser les bornes en adressant à Élie des mots injurieux : « Tu mens », interrompt indigné le général, et tu ne dis pas le vrai ! ». Le pape, méprisé à son tour, imposa silence à tout le monde et, déclarant le débat indigne d'un ordre religieux, suspendit la discussion[1].

Dans cette conduite si pure, si magnanime de Grégoire IX, où Lempp trouve-t-il non pas la raison mais le prétexte d'écrire : « Le pape avait complètement abandonné son ami. Déjà François avait appris à ses dépens ce que pouvait valoir l'amitié de Grégoire IX ; maintenant il appartenait à frère Élie d'en faire la preuve » ? Lempp dans ses jugements fait preuve non seulement

1. Le *Speculum Vitæ* et Eccleston semblent avoir puisé aux mêmes sources. Pour nous, le chapitre ressemble plus à une réunion de conjurés qu'à une libre assemblée de religieux et ne représente pas l'opinion de l'ordre, majoritairement favorable à frère Élie.

de préventions injustifiées, mais aussi de petitesse d'âme insigne. Ses raisons sont d'une pauvreté humiliante. Elles sont infiniment au-dessous de la grandeur des événements et des hommes.

Les faits montrent que Grégoire IX non seulement n'abandonna pas son ami, mais qu'il le soutint jusqu'aux extrêmes limites. Le cardinal Raynaldo croyait avoir trouvé un apaisement capable de mettre tout le monde d'accord : il proposa à frère Élie de donner spontanément sa démission. Mais frère Élie avait la conscience pure ; se démettre dans ces conditions revenait à se reconnaître coupable. Il refusa donc.

Mais les pressions dans l'entourage du pape s'intensifiaient : on voulait à tout prix la chute d'Élie. L'âme du pontife, alourdie par le poids vénérable des ans, fut lassée par l'insistance de ses familiers. Il finit par croire fondée la vérité qui lui était présentée ; il pensa vraiment que la majorité de l'ordre était contre frère Élie. Cédant à contrecœur, il réunit de nouveau le chapitre et déclara qu'il avait fait Élie général à cause de ses relations avec saint François ; il avait cru ainsi satisfaire le souhait de tout l'ordre ; mais maintenant que s'était élevée contre lui l'aversion des frères, il le déchargeait de son poste[1].

En même temps le pape comblait Élie une fois démis de preuves de sa bienveillance et de sa faveur. Le *Speculum Vitæ* note ingénument que le pape « *quasi de ejus depositione doleret et multas ei gratias faceret et concederet* ». Cette constatation annule tout soupçon de faute chez frère Élie. Il abandonna la généralat la tête haute et avec tous les honneurs. Pour lui succéder, on n'appela pas un de ses accusateurs, mais frère Albert de Pise, provincial d'Angleterre. Même en cela, Élie obtenait satisfaction.

1. Le récit du *Speculum Vitæ* n'est pas clair : en dehors du choix historique indiscutable d'Élie au chapitre de 1239, les détails sont discutables ou faux, comme la présence d'Antoine de Padoue ou les mots attribués au pape. De plus le général ne fut pas démis par un vote mais par l'autorité du Saint-Siège, cédant aux pressions.

Frère Albert était prêtre; pour la première fois les Frères mineurs purent assister à la messe célébrée par leur général[1]. Le chapitre promulgua toute une série de constitutions[2]. C'était la petite satisfaction que la curie concédait à ceux dont elle s'était servie pour abattre frère Élie. Le pouvoir du général fut limité, le nombre des provinces fut réduit à trente-deux, le pouvoir de nommer et de révoquer les gardiens et les custodes fut accordé aux chapitres généraux. Enfin, à l'exemple des Dominicains, fut institué un chapitre de *definitori*, c'est-à-dire une assemblée de délégués élus exclusivement par les chapitres provinciaux et se réunissant indépendamment des supérieurs de l'ordre[3].

Que ce chapitre général agisse sans autorité et sans refléter le sentiment de la majorité des frères, voilà ce que démontre le fait que le chapitre général suivant révoqua toutes ses délibérations.

La conduite de frère Élie, après sa déposition, est inspirée par une grande dignité et une parfaite conscience. Lempp, pour la juger, montre encore incompréhension et petitesse d'âme[4]. Mieux que les chroniques inexactes, les faits parlent avec exactitude.

Libéré des soucis de l'ordre, frère Élie retourna à Assise et se consacra avec une grande assiduité à l'achèvement de la basilique,

1. Eccleston, *Analecta Franc.*, t. I, p. 241.
2. Salimbene, p. 410. Il reprochera explicitement à frère Élie ce qu'il a pourtant fait dans la tradition et l'esprit du Fondateur, qui avait recommandé l'observance de la Règle sans commentaire, *pure et simpliciter*. Les constitutions suivantes seront le signe de la décadence de l'idéal primitif.
3. Il se réunit une seule fois en 1241, et chargea quatre docteurs de Paris – Alexandre de Hales, Jean de la Rochelle, Robert de Bastia et Odon Rigauld – de composer la célèbre explication de la Règle qui porte leur nom. Puis il fut supprimé.
4. Lempp écrit: « Qu'allait faire Élie? Essayerait-il de reconquérir le poste qu'il avait perdu? [...] Était-ce chose impossible de regagner la faveur du pape et puis, avec son aide, de reconquérir la puissance perdue? Les premiers actes d'Élie après sa chute permettent, je crois, de lui attribuer des pensées *de ce genre.* » Supposition mesquine et mensongère.

activant les travaux et pressant leur réalisation. Les fameuses cloches furent fondues. Pendant son généralat, frère Élie était resté d*ominus et custos Ecclesiae sancti Francisci Assisiatis*[1]. Après le généralat, il passa probablement à d'autres le soin de superviser la construction. Un acte du 26 mai 1239 nous montre encore frère Élie, *dominus et custos*, avec Jacopo da Bevagna, *syndicus et procurator Ecclesiæ*, occupés à rendre des blocs de travertin qu'ils avaient enlevé à un ancien mur romain dont les restes se voient encore à Assise, pour les employer aux travaux de la basilique[2]. Cela démontre la grande urgence dans la construction : on prenait des blocs de travertin déjà prêts plutôt que d'attendre l'arrivée des pierres des carrières. On voulait terminer les parties déjà commencées et donner une assiette stable à la construction en prévision d'une longue suspension ou du moins d'un grand ralentissement des travaux. Frère Philippe de Campello resta à la tête de l'entreprise, après l'éloignement de frère Élie[3].

Alors, avec l'accord du pape, ce dernier se retira à Cortone, accompagné de certains disciples qui lui restèrent fidèles jusqu'à la mort, et dans la solitude et l'humilité, fidèle à la mémoire du Père séraphique, il y mena une vie de piété et de pénitence, détaché des intrigues du monde. Ses ennemis eux-mêmes étaient

1. Lempp (p. 173) rapporte intégralement l'acte notarié. En 1239, l'élection du successeur d'Élie intervint avant la cérémonie de la Pentecôte du 15 mai. Deux semaines après, il était à Assise comme custode de l'église de Saint-François et signait avec les frères réunis en chapitre le contrat pour la réparation du mur de leur propriété, qui porte la date du 27 mai (*Documenti e istrumenti dell'Archivio di San Francesco* (père B. Marinangeli, *San Francesco d'Assisi*, Rivista anno IV, 1929, p. 210-218).

2. Cf. *Chronique des XXIV Généraux* (*Analecta Franc.*, t. III, p. 232). Il est plus probable que Philippe de Campello et non Jean Parenti ait été désigné. Élie avait hâte de se retirer pour se reposer et faire pénitence.

3. Le *Miroir* taxe frère Élie de mensonge et d'hypocrisie pour regagner la bienveillance du pape et retrouver la direction de l'ordre. Mais sa sincérité ne peut être mise en doute, comme le souligne la *Chronique des XXIV Généraux.*

édifiés par ce qu'ils appelaient sa conversion et qui était en fait son attitude normale de toujours.

Pendant que se passaient ces événements dans l'ordre franciscain, la discorde entre le pape et l'empereur atteignait les dimensions d'un drame apocalyptique. En réponse à l'excommunication dont il avait été de nouveau frappé, Frédéric II dénonçait aux rois et à l'épiscopat Grégoire IX comme faux pape et faux prophète par ambition de mondaine vanité, au lieu d'être pasteur attaché aux soins de son troupeau. En réponse le pape lança l'encyclique *Ascendit de mare* : « Voici la bête qui monte du fond de la mer, la bouche pleine de blasphèmes ; elle a les ongles de l'ours et la rage du lion, le corps semblable à celui du léopard. Elle ouvre la gueule pour vomir l'injure contre Dieu ; elle lance sans trêve ses flèches contre le Tabernacle du Seigneur et les saints du ciel. » Le pape accuse en dernier Frédéric II d'être l'auteur d'une doctrine infâme – *De tribus impostoribus* – selon laquelle le monde avait été trompé par trois imposteurs : Moïse, Jésus et Mahomet, deux desquels étaient morts dans la gloire, tandis que Jésus avait fini dans l'opprobre, crucifié[1].

À son tour, l'empereur appelle Grégoire IX « le grand dragon séducteur de l'univers, un autre Balaam, le prince des ténèbres », et à l'accusation d'impiété lancée contre lui par le pontife, oppose une profession de foi pleinement orthodoxe sur Jésus-Christ et le mystère de l'Incarnation[2].

Les choses en étaient à ce point, scandaleuses pour la chrétienté et également préjudiciables pour la papauté et l'empereur, quand Frédéric II envoya demander l'entremise de frère Élie comme

---

1. Ce livre légendaire qui causa au Moyen Âge une terreur d'autant plus grande que personne n'en vit jamais une ligne, fut employé comme arme contre Frédéric II (Huillard-Bréholles, *Introduction à l'histoire diplomatique*, *op. cit.*, t. V, p. 399) L'imagination populaire en fit un livre mystérieux, attribué à Frédéric II, à Pier delle Vigne, à Machiavel ou à Giordano Bruno et enfin à Spinoza.
2. Pier delle Vigne, lib. I, epist. 31.

pacificateur[1]. Il convient de noter que frère Élie jouissait alors de la pleine confiance du pape et c'est justement pour cela que l'empereur s'était adressé à lui. Pour un esprit supérieur comme celui de frère Élie, qui jusque-là n'avait connu que le succès dans toutes ses entreprises, la tentation dut être irrésistible : la foi, la piété, l'amour de l'Église, l'affection pour Grégoire IX, outre l'ambition d'être l'artisan de la sublime réconciliation, tout poussait frère Élie à accepter l'invitation de l'empereur. Vers la fin de 1239, il se rendit dans le camp impérial près de Pise[2]. Il encourait ainsi l'excommunication générale lancée contre tous ceux qui auraient approché l'empereur.

Dès qu'il se fut fait une idée certaine de l'état d'esprit de Frédéric II, frère Élie, comme le rapporte Clareno, son ennemi, écrivit une longue lettre au pontife non seulement pour rendre compte de sa mission, mais surtout pour promouvoir une résolution équitable du funeste désaccord qui déchirait la chrétienté[3].

---

1. *Chronique des XXIV Généraux*, in *Analecta Franc.*, t. III, p. 249. Frère Élie, ami notoire de Grégoire IX, aurait pu, comme le pensaient l'empereur et Élie lui-même, inciter à la paix les deux plus grandes hiérarchies chrétiennes de l'époque. Il en avait le talent et la volonté.
2. Lempp donne des raisons d'une grande faiblesse à cette démarche de frère Élie auprès de l'empereur. Giova rapporte que frère Élie, ayant gardé des liens amicaux avec les Clarisses, devait demander une autorisation spéciale au pape pour accéder à leur couvent selon la bulle *Quo elongati* de 1230. Peu après, suite à l'opposition de sainte Claire, la permission du général fut déclarée suffisante. Élie put ainsi, jusqu'à son généralat, communiquer librement avec les sœurs. Il crut pouvoir continuer après sa déposition, mais Albert de Pise voulut l'obliger à en demander l'autorisation. Élie refusa. Le pape lui donna tort. Mais Élie ne savait pas obéir. La rancune le poussa du côté de Frédéric II. Lempp fait encore preuve de parti pris caricatural. Azzoguidi, avec plus de précision, écrit que frère Élie se rendit auprès de l'empereur « ni en déserteur de l'ordre, ni en transfuge chez un ennemi de l'Église, mais pour s'interposer comme pacificateur » (p. LXIII).
3. Chez Clareno et chez Wadding, on trouve mention de ses raisons, qui le montrent non pas coupable d'infidélité envers l'Église, mais victime lui-même d'obscures intrigues.

La chose n'était pas impossible. Elle était même avantageuse pour l'Église ; Élie n'aurait certainement pas prêté son concours à un accord désavantageux pour l'Église. Il y aurait eu un compromis de paix, meilleur à l'évidence que le scandale de la guerre[1].

Frère Élie avait toute confiance en ses raisons. Il savait avoir des ennemis acharnés parmi les familiers du pape. Il voulut s'assurer que sa lettre parvienne bien entre les mains du pontife. Ne se fiant donc pas à un messager ordinaire, il la confia à frère Albert de Pise pour qu'il la remette en mains propres au pape[2]. Le général de l'ordre était bien choisi pour s'acquitter de cette mission. Mais une fatalité contraire vint bouleverser le plan de la prudence humaine. Pendant qu'il se rendait à Rome, frère Albert mourut dans la rue et la lettre de frère Élie fut trouvée dans la poche intérieure de son habit[3]. Elle fut escamotée et on perdit sa trace. La disparition de ce document est elle-même un document. La lettre que frère Albert gardait jalousement était tombée entre les mains des ennemis de frère Élie. Si elle avait contenu

1. Selon les documents impériaux, le pape aurait envoyé à frère Élie un sauf-conduit pour se rendre à Rome en tant que négociateur de l'accord ; mais, arrivé à Viterbe, le vieux général fut informé que le pape l'attirait dans un piège pour l'emprisonner. Il retourna donc en arrière et écrivit la fameuse lettre au pape. Frédéric II s'empressa alors de dénoncer publiquement la tromperie (Huillard-Bréholles, *Introduction à l'histoire diplomatique*, *op. cit.*, t. V, p. 346 s.). C'est du roman. Le caractère de Grégoire IX ne s'accorde pas à la ruse que le document lui attribue. Mais, quand il a demandé audience, la curie a dû voir un scandale intolérable dans le fait qu'un religieux, ministre général des Frères mineurs, à peine déchu, se fasse auprès du Saint-Siège l'ambassadeur d'un prince excommunié. Ses détracteurs ont dû craindre son influence sur le pape et l'empêcher d'accéder jusqu'à lui. Ce qui explique la lettre d'Élie au pontife pour justifier son absence, lettre qui n'arriva jamais à destination.

2. Frère Élie était donc resté en bons termes avec son successeur, qui se confiait à lui comme à son père. De plus, cela prouve la parfaite orthodoxie de cette lettre ; sinon Albert de Pise n'aurait pas accepté de s'en faire le messager auprès du Saint-Père.

3. Ange Clareno, *Hist. VII Tribul.*, II, 493.

une seule ligne susceptible d'une interprétation malveillante, on peut être sûr que la lettre serait parvenue au pontife, aurait été recopiée à des centaines d'exemplaires et divulguée avec tous les commentaires adéquats. La disparition de la lettre est la preuve qu'elle justifiait superbement frère Élie et confondait ses adversaires. L'Histoire impartiale doit cette reconnaissance tardive à la mémoire de frère Élie.

Mais le pape attendait en vain la justification promise par Élie. Ignorant les intrigues en cours, il s'étonnait du silence grossier de son ami. Les adversaires firent des efforts désespérés pour persuader le pape de sa trahison. Leur insistance finit par avoir raison de l'âme déçue du pontife. L'excommunication fut lancée nommément contre frère Élie. Au lieu de la réponse attendue à sa lettre de pacification, c'était la rupture complète.

Le scandale fut énorme. Frère Egidio, dès qu'il reçut la nouvelle, se jeta à plat ventre, embrassant le sol de toutes ses forces. Et comme on lui demandait pourquoi, il répondit : « Je veux m'abaisser le plus possible, parce qu'un si grand homme est tombé dans un si horrible précipice[1] ! » Les moinillons raillaient les frères et les poursuivaient en chantant :

« Que revienne vite frère Élie
Qui le mauvais chemin a pris[2]. »

Frère Élie fut ainsi poussé à prendre parti pour l'empereur, qui l'accueillit dans son intimité. Aux sièges de Ravenne et de Faenza (août 1240-avril 1241), Élie et ses partisans, vêtus de l'habit de l'ordre, se trouvent dans la suite de l'empereur excommunié, qui, à en croire le *Speculum Vitæ*, prenait conseil de frère Élie à chaque seconde[3].

---

1. *Chronique des XXIV Généraux*, in *Analecta Franc.*, t. III, p. 80. *Speculum Vitæ*, p. 172, a.
2. Salimbene dit l'avoir entendu à Florence.
3. L'empereur appelle frère Élie *dilecto familiari et fedeli nostro* et écrit qu'il se fie à ses sages conseils dans sa lettre au roi de Chypre (Huillard-Bréholles, *Introduction à l'histoire diplomatique*, *op. cit.*, t. VI, p. 147). Le principe constitu-

En même temps le pape convoquait à Rome pour le 1er novembre 1240 un chapitre général des Frères mineurs pour nommer le nouveau général, ne voulant pas que l'ordre demeurât sans chef dans des moments aussi graves pour l'Église. Aymon de Faversham, le principal adversaire de frère Élie, fut élu ministre[1]. N'étant plus tenu par la main ferme de frère Élie, l'ordre s'acheminait, à la suite des nouveaux dirigeants savants et ambitieux, sur les voies mondaines, éloignées de l'idéal primitif de paix et d'humilité, mêlé aux événements terrestres et aux luttes politiques. À l'instigation de la curie, les frères mendiants furent envoyés dans toute l'Italie pour soulever la population contre Frédéric II.

L'empereur fit alors chasser de ses États les Franciscains et les Dominicains, en dénonçant violemment leur intrusion dans les choses politiques au détriment de la religion ; il interdit à quiconque de se rendre à la cour de Rome sans permis impérial formel ; il interdit l'introduction des lettres du pape dans l'Empire sous peine de mort. Puis, avec son armée il marcha sur Rome.

Dans un si grand danger, Grégoire IX fut sublime. Ce pape presque centenaire, avec une force d'âme et une réactivité sans pareilles fit exposer les reliques des saints apôtres Pierre et Paul et harangua la population avec tant de véhémence que tous se déclarèrent prêts à mourir pour défendre le successeur des apôtres. La croisade fut décrétée contre Frédéric l'excommunié en y joignant une immense indulgence. Tous les Romains prirent la croix[2].

---

tionnel de la fondation franciscaine est la fidélité inviolable à l'Église romaine. D'où le début de la première Règle : « Frère François et ses successeurs promettent obéissance et révérence au pape Innocent III et à ses successeurs. » Le chap. XI ordonne que tous les frères soient catholiques, vivent et parlent en catholiques, sous peine d'être expulsés de l'ordre. Frère Élie, en désaccord avec le pape et vivant en dehors de l'Église, se mettait aussi légalement hors de l'ordre. Mais, spirituellement, il restait fidèle à l'amour pour saint François et continua à vivre la vie de l'ordre. Ce dissentiment politique ne porta jamais atteinte à sa foi dans le Christ et dans l'Église.

1. *Speculum Vitæ*, p. 168.
2. Sbaralea, *Bull. Franc.*, *op. cit.*, t. II, p. 285s.

L'empereur comptait sur la force du parti qu'il avait à Rome pour lui ouvrir les portes de la ville. Déçu par la conduite énergique des Romains et manquant de forces suffisantes pour un siège, il retourna en arrière en abandonnant cette entreprise.

La lutte reprit encore plus âpre. Le pape déclara Frédéric II déposé et la succession impériale ouverte. Des légats furent envoyés en France pour solliciter des secours et offrir la couronne impériale à Robert, comte d'Artois ; mais le roi de France – c'était Saint Louis, le plus catholique jamais au pouvoir dans le pays – refusa ouvertement d'accepter l'Empire pour son frère, et fit des observations très sévères au pape sur la déposition de Frédéric II[1].

Ce détail est important. À notre avis, il explique comment frère Élie, qui était sincèrement religieux et dévoué au Saint-Siège, a pu rester quand même du côté de l'empereur. Il ne faut pas oublier que Frédéric II fut pupille d'un pape et disciple de deux cardinaux ; il avait sucé le catholicisme avec le lait de sa mère. Il avait un fond de religiosité indestructible. Nous l'avons vu assister pieds nus à la translation du corps de sainte Élisabeth de Hongrie. Dans ses actes, il se qualifie de « fils aîné de l'Église » ; il affirme chercher « de toute sa force et avec toute la sincérité de son cœur la réforme de l'Église, qui donnera la paix pour toujours à lui, à ses amis et à ses fidèles »[2].

Frère Élie voyait clairement la possibilité d'un accord, et poussait avec ferveur l'empereur dans cette voie. Dans le camp de Frédéric, il n'était pas l'ennemi, mais l'allié du Saint-Siège. Pendant un moment, les espoirs de frère Élie faillirent se réaliser. Le pape

1. Ce que frère Élie avait voulu éviter arrivait. Entraîné par les circonstances, le Saint-Siège utilisait l'arme spirituelle pour la défense des intérêts temporels. Cette décadence allait un jour coûter cher à l'Église. Au Moyen Âge, l'empereur était considéré comme *l'épée de la foi*. Une croisade contre l'empereur avait quelque chose de sacrilège. La chrétienté se trouvait ainsi divisée en deux camps adverses, au grand dam et scandale des princes et des peuples. L'Ordre franciscain y perdra une part de son prestige.
2. Michaud, *Histoire des croisades*, t. IV, p. 438.

et l'empereur s'accordèrent pour soumettre à un Conseil général l'arbitrage de leur différend. Mais l'accord dura peu. Frédéric eut peur que le but réel du Conseil ne fût sa déposition : et le pape ne dissipa pas ce soupçon. On comprend donc que l'empereur ait tout fait pour empêcher la réunion du Conseil. Sans éviter pour autant la violence. Il fit assaillir par sa flotte les navires génois qui transportaient les prélats français qui se rendaient à Rome et les fit prisonniers malgré les protestations indignées du pape. C'est seulement grâce à l'intervention de Saint Louis que les Français purent retrouver la liberté. Grégoire IX atteignait presque les cent ans. Il mourut le 21 août 1241 ; et après le bref pontificat de Célestin IV, le siège apostolique demeura vacant pendant près de deux ans.

C'est pendant cette période que frère Élie retourna en Orient, comme ambassadeur de Frédéric II, pour faire la paix entre Baudouin, empereur latin de Byzance et Vatatzès, empereur grec de Nicée. Absorbés par la querelle qui divisait l'Occident en deux partis, les princes chrétiens devaient négliger les grands intérêts qui les liaient à l'Orient. Le roi Bela de Hongrie, assailli par les hordes tartares, implorait en vain le secours du pape ; Baudouin, attaqué de toutes parts dans sa capitale sans armée, appelait en vain l'empereur à son secours. La seule aide qu'il put leur envoyer fut frère Élie, qui réussit à pacifier les deux empereurs, en leur faisant accepter une trêve de quelques années. Mais frère Élie était aussi religieux. Les succès politiques ne lui faisaient pas oublier les intérêts de la religion. Depuis le temps où il avait été provincial de la Terre sainte, frère Élie s'était préoccupé de la réconciliation des deux églises, grecque et latine ; il reprit alors son grand projet[1]. Une lettre du pape au roi Bela de Hongrie atteste le succès des procédés de frère Élie[2]. Vatatzès était alors

1. Huillard-Bréholles, *Introduction à l'histoire diplomatique*, *op. cit.*, t. IV, p. 176.

2. Azzoguidi, *Sermones in Psalmos*, *op. cit.*, p. LXII. L'action diplomatique des Frères mineurs fut importante. Elle eut un succès certain au concile de Lyon de 1274, présidé par saint Bonaventure. La première mention de cette action

resté veuf d'Irène Lascarine ; frère Élie arrangea son mariage avec une fille de Frédéric II, Constance, sœur de Manfred, femme de grande piété et de mœurs irréprochables, se souvenant de la phrase de l'Apôtre : « *Sanctificatus est vir infidelis per mulierem fidelem* » (1 Co 7, 14)[1].

Ayant obtenu le plein succès de sa mission, frère Élie retourna en Italie vers le milieu de 1244, chargé de dons très précieux offerts par l'empereur grec. Les détracteurs de frère Élie qui, à la suite de frère Salimbene, l'ont accusé de vaine gloire, d'âpreté au gain de l'or et d'amour immodéré du luxe, ont ici beau jeu. Ce fils préféré de saint François, qui devait donner l'exemple de pauvreté volontaire et de détachement du monde, voilà qu'il revenait de la cour d'un empereur d'Orient chargé de précieux cadeaux : certes l'or et l'argent, les étoffes rares, les pierres précieuses, en somme tout ce qui semble au monde être richesse est une valeur ! Mais les grandes richesses que frère Élie rapporta d'Orient sont des reliques : un morceau de la sainte Croix, des souvenirs de saints et de martyrs[2].

---

date de 1220, quand frère Lucas alla à Rome pour informer Innocent III sur l'état des Églises grecque et latine en Orient. La première tractation officielle eut lieu en 1232 avec l'envoi de la mission envoyée à Jean Vatatzès, empereur grec de Nicée. Cette mission prit fin en 1234 par un complet insuccès. Le séjour de frère Élie auprès de Vatatzès comme ambassadeur de Frédéric II, et le mariage de l'empereur grec avec Constance, sœur du roi Manfred, inclinèrent l'esprit de l'empereur grec à l'union. Dans ce but, deux missions furent envoyées par Innocent IV à Constantinople (1245) et à Nicée (1246). Le premier résultat en fut la soumission à Rome du Patriarche grec d'Antioche (1246). En 1249-1250, une nouvelle mission conduite par Jean de Parme, spécialement demandé par Vatatzès au pape, se conclut par l'envoi d'ambassadeurs grecs auprès d'Innocent IV. L'entente semblait proche quand la mort du pape et celle de l'empereur grec (1255) en empêchèrent la conclusion. L'union eut lieu en 1274, avec l'empereur Michel Paléologue et le pape Grégoire X. Mais elle dura peu. En 1281, le conflit se ralluma et ne fut plus résolu.

1. Azzoguidi, *Sermones in Psalmos*, *op. cit.*, t. III, chap. 7.

2. Le fragment de la sainte Croix rapporté par frère Élie est le plus important que l'on possède. Cette remarquable relique est toujours conservée dans l'église des Conventuels de Cortone. Le reliquaire en ivoire dans lequel elle

Face à l'éloquence irréfutable des *faits*, qui osera encore taxer de mondaine vanité l'âme franciscaine de frère Élie ? Les trésors qu'il arrache à l'Orient sont des trésors spirituels : richesses inestimables pour l'élévation de la foi des croyants, morceaux de bois et débris d'os pour la foule des mécréants. L'Histoire doit se préoccuper non seulement d'être *vraie*, mais aussi d'être *juste*. Il est temps désormais que justice soit rendue à frère Élie.

Pendant qu'Élie se trouvait en Orient, Frédéric II, campant avec son armée autour de Rome, sollicitait les cardinaux avec la même insistance que Saint Louis pour qu'ils rendent sans délai à l'Église son berger suprême. Finalement, en juin 1243, le Conclave réuni à Anagni élut le cardinal Sinibaldo Fieschi, qui prit le nom d'Innocent IV. C'était tout un programme. L'empereur le félicita avec des paroles filiales. La paix parut refleurir aux plus hauts sommets du monde chrétien. Au commencement de 1244, Frédéric annonce à Conrad sa réconciliation avec le pape, très heureux d'avoir été admis par le pontife comme fils dévoué de l'Église et comme prince catholique, dans l'unité de l'Église.

Au même moment mourait Aymon de Faversham et un chapitre général était convoqué à Gênes pour l'élection du nouveau général[1].

On crut même un moment qu'Élie lui-même allait reprendre son ancienne influence dans l'ordre. Un large mouvement s'était formé parmi les frères en sa faveur. La pacification de l'Orient, la très rare relique qui en quelque sorte le sanctifiait, avaient accru son prestige. Pour beaucoup, c'était déjà un personnage légendaire. Le provincial d'Irlande, Jean de Ketene, prit ouvertement son parti[2]. Frère Élie crut pouvoir se réconcilier avec l'ordre. Il vint au chapitre avec ses partisans.

---

est conservée est l'un des plus beaux exemples de l'art byzantin.

1. Huillard-Bréholles, *Introduction à l'histoire dipl.*, *op. cit.*, t. IV, p. 176.

2. Ce chapitre est confirmé dans le prologue de la *Légende des Trois Compagnons* et dans le prologue de *II Cel.* Frère Crescent de Jesi y fut élu ministre général.

Mais son sort était lié à la réconciliation entre la Papauté et l'Empire. Après la courte trêve, la situation s'embrouillait. Frédéric II se vantait de vouloir être *filius et patronus* de l'Église. Mais le *protecteur* se conduisait aussi en patron. Quand la requête respectueuse n'obtenait pas de résultat, il recourait à la menace. Le pape ne se sentit plus en sûreté à Rome. Il alla à Civitavecchia et embarqua de là pour Gênes où il se trouva pendant le déroulement du chapitre franciscain. Sa présence scella le sort de frère Élie.

Ce qui se passa à ce chapitre n'est pas clair. Lempp expose des conjectures que lui inspire son habituelle petitesse. Élie était en proie au plus haut rêve que pût faire une âme chrétienne. Il voulait obstinément la paix entre l'Empire et l'Église. Innocent IV, instruit par l'expérience avec Grégoire IX, s'apprêtait à passer en France pour y tenir le fameux concile de Lyon où Frédéric II, frappé d'anathème et d'excommunication, fut démis du pouvoir impérial. Avec une profonde douleur, frère Élie vit la tempête s'abattre sur la chrétienté. Il jugea funestes les décisions du pape. En pleine conscience, il ne pouvait l'approuver. Il se retira de nouveau à Cortone pour prier et faire pénitence. Le chapitre élut général frère Crescent de Jesi[1].

---

1. Dans les *Miscellanea Francescana* (vol. XXIX, fasc. V), monseigneur Faloci-Pulignani écrit : « Frère Élie eut le tort d'être en désaccord avec le pape sur les questions temporelles. Mais combien de gens remarquables, même à notre époque, ont été en désaccord la politique temporelle des papes ? Rosmini, Audisio, Bonomelli, Tosti, Curci l'étaient ; et leur tort fut d'avoir parlé alors qu'ils devaient se taire. Mais le Concordat fait par Pie XI en 1929 a montré qu'ils voyaient juste et prévoyaient l'avenir. Il a manqué à frère Élie un Pie XI pour justifier ses raisonnements, fondés sur le vrai mais qu'il rendait publics sans en avoir le droit. » Ce jugement confirme le nôtre. Frère Élie fut en avance de sept siècles sur son époque. Mais Luigi Salvatorelli (*Ricerche religiose*, t. V, 1929, p. 39-60), remplaçant le point final par un point d'interrogation, en déduit qu'il fut au contraire un des chefs de la conjuration. C'est ridicule. Loin d'avoir le tempérament d'un conjuré, Élie a toujours affronté ses ennemis à visage découvert. De plus, il n'avait pas le temps de s'égarer dans d'obscures machinations politiques. Eccleston, *Analecta Franc.*, t. I, p. 236, Lempp, *Frère Élie de Cortone*, *op. cit.*, p. 148.

La neutralité, alors qu'allait commencer un combat mortel, parut au pape être une trahison. Le Christ n'avait-il pas dit : « Qui n'est pas avec moi est contre moi » ? frère Élie, par sa neutralité, offensait le Saint-Siège. Innocent IV le convoqua à Lyon pour qu'il se justifiât face au Conseil. Frère Élie, craignant l'atmosphère qui y régnait, refusa d'y aller. Le pape l'excommunia de nouveau[1].

Au début de 1245, un certain Tiberio Magalotti avait fomenté à Assise une conjuration pour remettre la ville entre les mains de l'empereur. Il se tourna vers frère Élie pour lui demander aide et conseil. Mais lui, désormais fermement décidé à se détacher du monde, refusa toute participation à cette entreprise. L'un des

1. Le procès-verbal dressé pour constater l'administration à frère Élie des derniers sacrements rapporte qu'il fut excommunié par Innocent IV. Le *Speculum Vitæ* ajoute que le pape le déclara indigne de porter l'habit de l'ordre. Lempp voyait une preuve de ce fait dans la donation du terrain *Balneum Reginæ*. Mais cet acte prouve le contraire. Élie y apparaît en habit de religieux, en frère parmi ses frères. Le père D. Sparacio note justement que l'ordre mineur recueillit immédiatement l'héritage de frère Élie comme lui appartenant de droit. C'est la preuve qu'il n'est jamais sorti de l'ordre, même si l'excommunication, en l'écartant de la communion des chrétiens, le mettait virtuellement hors de la discipline de l'ordre. Mais frère Élie se considéra toujours comme le fils fidèle de saint François et c'est dans cet habit qu'il comparut devant le Seigneur. Les anciennes sources sont incertaines sur la présence de frère Élie au chapitre de Gênes. Le pape, lui, tomba gravement malade et ne guérit qu'après son arrivée à Lyon, le 2 décembre 1244. Élie ne put donc être appelé à se disculper devant le pape malade. Il me semble indubitable que l'excommunication contre frère Élie fut lancée de Lyon après celle de Frédéric II, dont elle est la conséquence. Et le seul motif valable en est la contumace de frère Élie. Frère Élie a dû venir au chapitre de Gênes avec ses partisans. Il ne pouvait y avoir aucun danger pour lui dans cette ville indépendante. Un fort courant du chapitre lui était favorable. Frère Élie a dû se vanter à bon droit de la paix obtenue entre les deux empereurs d'Orient, d'avoir mis sur le trône impérial grec une princesse catholique et des inestimables reliques dont il avait enrichi l'ordre. L'arrivée du pape changea la situation, obligeant frère Élie à s'éloigner. Et l'empereur ayant été excommunié à Lyon, frère Élie subit le même sort.

conjurés, Bernardino da Biagio, lui reprochera son abstention, en ajoutant qu'Élie insistait en s'opposant à Magalotti, pour « faire quoi que ce soit qui puisse préparer son retour à Assise[1] ».

Mais l'esprit magnanime de frère Élie ne pouvait s'adapter au repos stérile. L'action était pour lui une nécessité vitale. La fidélité et l'amour pour saint François étaient en lui une flamme toujours brûlante : elle apparut encore une fois dans une merveilleuse lumière. Cortone était une cité impériale. Elle avait reçu en cadeau de frère Élie les précieuses reliques recueillies en Orient. Par un acte du 23 janvier 1245, la Mairie à son tour donna à frère Élie pour lui et ses frères un vaste terrain appelé *Balneum Reginæ* et l'année suivante encore, en témoignage de sa reconnaissance, un autre terrain contigu avec quelques bâtiments.

Les deux faits sont certifiés « au nom de la Très Sainte Trinité, Frédéric II étant empereur ». Du pape régnant il n'est pas fait mention. Élie y est appelé « vénérable père et seigneur frère Élie » qui le reçoit pour lui et ses frères. La donation est sans conditions. Élie en peut disposer à sa guise, librement et sans contrôle[2].

Ici aussi les détracteurs de frère Élie ont beau jeu : sans doute l'infidèle partisan du *Poverello* se sera-t-il construit une demeure commode pour y passer à l'aise l'existence d'un abbé inféodé ? La réalité est bien différente. Frère Élie, dans toute sa vie, a eu une seule préoccupation : la gloire du Père séraphique et de son ordre. Il souffrait de voir inachevée la plus grande création de

1. L'information fournie par frère Salimbene sur la présence de frère Élie à un certain chapitre, qui ne peut être celui de Gênes pourrait être une allusion à ce chapitre. Le chroniqueur nous montre frère Élie parler longuement pour justifier sa conduite « comme il voulait et comme il lui plaisait ». Cela montre que l'assemblée l'écoutait avec attention et déférence. Mais un certain frère Bonaventure de Forli, dont nous ne savons rien d'autre, fanatique et ignorant, lui répondit par des injures et des reproches. Les partisans de frère Élie n'osèrent pas insister.
2. Ces deux documents, tous deux entre les mains du notaire Ranerio, ont été reproduits par Lempp en appendice (p. 174-178).

son génie, la grande basilique d'Assise. Il fit élever sur le terrain offert une église, dédiée à saint François, et un couvent, lesquels, sans égaler la magnificence du monument d'Assise, sont toutefois l'un des plus beaux modèles de l'architecture franciscaine de l'Italie centrale[1].

Retiré dans son ermitage avec les quelques frères qui lui étaient restés fidèles, frère Élie passait ses journées dans la prière et l'étude. L'amour pour la science, si vif à la cour de Frédéric II, s'était communiqué à frère Élie. Esprit positif, il aimait étudier la composition des corps: il s'occupait de chimie[2].

Pendant ce temps se déroulait à Lyon le concile général convoqué par Innocent IV. Malgré les protestations de fidélité

1. À Cortone, comme à Assise, il y avait au début deux églises superposées. L'église inférieure de Cortone fut réduite au XVIe siècle pour multiplier le nombre des tombes? Aujourd'hui on ne voit plus que l'arc de la porte. Frère Salimbene reproche à frère Élie le luxe de sa demeure aux *Cellules* de Cortone, qu'il qualifie de séjour enchanteur et luxueux. En réalité, quiconque visite encore aujourd'hui les *Cellules* peut constater que c'est un ermitage pauvre et sans ornement, digne en tout de saint François, qui y séjourna plusieurs fois et des capucins qui y sont encore

2. Au Moyen Âge, la chimie était appelée alchimie. Frère Salimbene, parmi les péchés qu'il reprochera à frère Élie, place celui de s'être adonné à l'alchimie. Cela paraissait à la superstitieuse ignorance de l'époque orgueil et sacrilège. Sous le nom de frère Élie sont arrivés jusqu'à nous certains écrits alchimiques, par ailleurs sans valeur. Ils sont certainement apocryphes. Dans *Studies in the History of Medieval science*, Cambridge, 1924, p. 281, Haskins cite certaines pages de Michel Scotto, mentionné par Dante dans l'*Enfer* comme devin (chant XX, v. 115) qui montrent que frère Élie a sans doute interrogé les savants qui étaient à la cour de Frédéric II et s'est intéressé à leurs expériences. C'étaient les premiers balbutiements de la science moderne. Mais le Moyen Âge n'aimait pas que l'on scrute de trop près les profondeurs de l'œuvre divine et que l'on surprenne le jeu des lois de la nature. Les sciences attachées à découvrir les secrets de la création étaient suspectes de maléfice et de sorcellerie. L'Italie, engagée par Frédéric II sur la voie de l'observation expérimentale, devait être encore longtemps la seule province de la chrétienté où l'homme contemplât sans trouble les phénomènes et les lois du monde visible.

de Frédéric II, malgré les dangers qui menaçaient les chrétiens d'Orient et réclamaient l'union sacrée de toute la chrétienté, malgré la généreuse intervention du roi de France Saint Louis, le pape se montra inflexible. Il voulait détruire la maison des Hohenstaufen, *le nid de vipères*. Il déclara la déposition de l'empereur, en déliant les peuples du serment d'obéissance.

Au milieu de cette discorde et de la désunion entre les princes chrétiens, Saint Louis préparait la croisade qui devait se terminer comme celle de 1220 dans la fatale plaine de la Mansurah par un irréparable désastre.

L'agitation de l'époque se répercute même dans l'ordre franciscain. Crescent de Jesi avait poursuivi l'œuvre de frère Aymon. La multiplication des privilèges menaçait de faire perdre à l'ordre sa physionomie originale. Une importante réaction se manifesta parmi les frères et dans le chapitre général tenu à Lyon en 1247, frère Jean de Parme, du parti des *zélés*, fut élu. C'était un saint homme, un grand savant, d'une charité exemplaire. Quand frère Élie apprit son élection, il s'exclama: « *Bene venisti, sed tarde venisti* (Il est bon que tu sois venu, mais comme tu as tardé) ! »

En fait pendant les dix ans de son généralat, Jean de Parme ne réussit pas à rétablir l'union dans l'ordre. Les plus excités de ses partisans devinrent même un danger pour l'Église elle-même. Il fallut le génie de saint Bonaventure pour concilier les tendances opposées et rendre la paix à l'ordre.

Frère Jean pensa surtout à effacer le scandale qui contrariait un si grand nombre de frères. Il envoya à frère Élie frère Gérard de Modène pour pousser l'ancien chef à rentrer dans la discipline de l'ordre « par amour de Dieu et du Bienheureux François, pour le bien de sa propre âme et pour donner le bon exemple ». Frère Salimbene rapporte la réponse que donna frère Élie à cette exhortation éloquente et opportune :

> Frère Gérard, j'ai entendu dire tant de bien de ce vénérable frère Jean de Parme que je ne refuserais pas de

> me jeter à ses pieds et de confesser mes fautes, confiant dans sa bonté ; mais je crains trop que les ministres provinciaux, qui ont été offusqués par moi, ne me tendent des pièges, ne me chassent à travers bois pour m'incarcérer et ne me nourrissent de pain sec et d'eau. En outre, comme j'ai aussi offusqué la cour romaine, je sais que le cardinal gouverneur de l'ordre voudrait s'entremettre dans la question du châtiment à m'infliger ; et je ne veux pas perdre la protection impériale dont je bénéficie[1].

Toutefois frère Gérard resta une journée entière dans le couvent des Celle de Cortone, en conversation familière avec frère Élie et s'employa de tout son pouvoir à le convaincre lui et ses frères de respecter la discipline de l'ordre. Mais il s'y ingénia en vain[2].

Je ne crois pas du tout ce récit exact. Frère Salimbene était un esprit curieux, mais aussi superficiel. La vivacité et le pittoresque de ses chroniques sont inimitables. Mais il ne faut y chercher ni profondeur, ni impartialité de jugement. Particulièrement envers frère Élie il montre malveillance et incompréhension. Les craintes qu'il met dans la bouche de frère Élie ne s'accordent aucunement à son caractère et à sa vie. Élie avait été le premier ministre de la Terre sainte ; pendant trois ans ils avaient prêché l'Évangile aux infidèles, entreprise bien autrement dangereuse que de comparaître devant son propre supérieur. D'autre part il n'avait pas hésité à se rendre au chapitre général de Gênes en

---

1. Une fois frère Élie mort, tous ses partisans rentrèrent dans l'ordre, y donnant l'exemple de la sainteté. Frère Illuminé, qui fut secrétaire de frère Élie, finit évêque d'Assise. Tout cela prouve la vie exemplaire de frère Élie. Cf. père Jérôme Golubovich, *Biblioteca bio-bibliografica, op. cit.*, t. I, p. 34, note.

2. Frère Gérard, concitoyen de frère Salimbene, avait présenté le jeune degli Adami à frère Élie pour qu'il le reçût dans l'ordre. Cette réponse n'est pas dans le style de frère Élie. On est loin de la lettre de saint François *Ad quemdam Ministrum* et de l'esprit de charité invoqué par le fondateur !

1243 pour y assurer sa défense. La *crainte humaine* est invraisemblable chez un tel homme. Bien plus nobles devaient être les raisons de frère Élie. Si frère Gérard put passer une journée entière à discuter avec lui, cela montre que ces raisons étaient sérieuses et graves. Elles ne pouvaient être que relatives à la lutte entre la Papauté et l'Empire.

Dans une lettre écrite par Frédéric II cette année-là, on lit cette déclaration remarquable : « Quant aux peines spirituelles, nous les recevons avec respect et les observons fidèlement quand elles nous sont imposées non seulement par le pape, que nous reconnaissons dans le domaine spirituel comme notre père, mais encore par les évêques et les prêtres[1]. »

Accusé d'hérésie, l'empereur accepta de se soumettre à un examen en présence de l'archevêque de Salerne et de l'évêque de Pavie, sur les principaux points de la foi catholique. Les prélats trouvèrent ses réponses parfaitement orthodoxes et ne firent référence au pontife. Mais ils refusèrent d'en prendre acte[2].

Ce qui divisait l'empereur et le Saint-Siège, n'était donc pas la foi ; c'était la politique. Frédéric II soutenait, avec sept siècles d'avance, la théorie moderne de l'État. Il voulait l'Église sainte dans un État libre. Frère Élie était bien l'homme qui pouvait comprendre cette conception. Il voyait tout l'avantage qu'il y aurait pour l'Église dans une entente sincère avec l'empereur. La foi est intransigeante ; mais la politique est par excellence l'art des accommodements. Frédéric avait déclaré sur tous les tons sa dévotion et sa fidélité à la « Sainte mère l'Église » ; il était prêt à accompagner le roi de France à la croisade, reconnaissait le pape pour son seigneur spirituel. Sur ces fondements une entente était possible, nécessaire pour le bien de la chrétienté. Saint Louis fit tout son possible pour en persuader Innocent IV[3].

1. Joseph-François Michaud, *Histoire des croisades*, *op. cit.*, p. 441.
2. *Ibid.*, p. 442.
3. *Idem.*

Le pape fut inflexible : il ne croyait pas au repentir ; il voulait la mort du pécheur.

Dans ces circonstances, frère Élie voulut maintenir sa neutralité. Dans son esprit, il n'était jamais sorti de l'ordre. Son âme était restée toujours fidèle à saint François. À Cortone comme à Assise, il avait tout fait pour manifester, dans le langage durable des pierres, la gloire du Père séraphique. Ce qu'on lui demandait maintenant, sous la forme du retour à la discipline de l'ordre, c'était sa solidarité dans la lutte contre l'empereur.

Avec douleur, mais fermement, frère Élie refusa de trahir sa propre conscience. Il s'enferma encore plus étroitement dans son ermitage de Cortone, absorbé par les travaux de la basilique, humble et oublié.

C'est là qu'il apprit, vers la Pâque de 1250, l'annonce de la terrible catastrophe de l'armée chrétienne en Orient : le roi de France prisonnier avec tous ses barons, toutes les forces croisées anéanties, l'Infidèle triomphant et menaçant. Frédéric II était chevaleresque au plus haut point. Saint Louis l'avait souvent défendu face au Saint-Père. Maintenant c'était à son tour de le secourir dans un si grand malheur. Il écrivit aux princes chrétiens des lettres émouvantes, racontant l'emprisonnement du roi de France et les appelant à la rescousse pour aider les croisés. Lui-même courut en Sicile pour y équiper une flotte et préparer une expédition en Orient. Tout en envoyant une ambassade pour demander au sultan d'Égypte la libération du monarque français et de son armée.

Frère Élie rappela qu'il avait été le premier provincial de Terre sainte. En dépit de sa mauvaise santé, il rejoignit l'empereur en Sicile[1]. Ses conseils et son aide permirent d'accélérer l'expédition.

1. L'*Actus* (éd. Sabatier) raconte qu'Élie tomba malade en Sicile, ce qui est confirmé par un manuscrit autographe de frère Marian de Florence. Vers 1247, frère Gérard de Modène le trouva encore à Cortone parmi ses frères. Au milieu de l'année 1250, Frédéric se trouvait en Sicile pour préparer l'expédition de secours aux croisés. Il est logique que frère Élie l'ait rejoint. Mais l'*Actus* donne Élie pour mort en Sicile, ce qui est faux. Il est probable en revanche que frère Élie ait contracté en Sicile la maladie qui devait l'emporter.

La construction de citadelles en Sicile devait rassurer l'empereur sur la défense de ses possessions pendant son absence. Il faut croire aussi que frère Élie aurait suivi Frédéric II en Orient.

Mais cette noble décision ne put prendre effet. Frédéric II trouva la mort à Ferentino di Puglia, le 13 décembre 1250, au milieu de ses préparatifs. Avant de mourir, selon ce qu'écrivit son fils Manfred au roi Conrad, « l'empereur s'est repenti et a reconnu humblement, en chrétien orthodoxe, la sacro-sainte Église romaine comme sa mère[1] ». Sa dépouille, à laquelle fut accordée la sépulture ecclésiastique, repose encore aujourd'hui dans un sarcophage monumental dans la cathédrale de Palerme.

C'est la meilleure justification de frère Élie.

La fatigue, la douleur, la désillusion le menèrent au bord de la tombe. À peine remis, il retourna à son ermitage de Cortone. Son rôle dans le monde était accompli. Désormais il n'avait qu'à attendre d'être libéré par sa Sœur la Mort.

Le pape avait reporté son aversion sur le malheureux et magnanime roi Manfred. La lutte continuait, implacable, entre le saint Siège et l'Empire, épuisant les deux combattants. D'un œil détaché, frère Élie vit l'avenir de misère et d'humiliation qui se préparait pour l'Église et l'Italie. Il sentit que rien ne pouvait plus arrêter les événements. Il se réfugia pour toujours dans sa solitude désespérée, encore convaincu d'avoir raison contre tous.

Finalement ses yeux s'ouvrirent. L'aggravation de sa maladie libéra son intelligence de toutes les préoccupations du siècle. Il vit sa faute et se repentit. Il reconnut avoir péché par orgueil. Il avait voulu juger par la raison humaine ce qui dépassait la raison humaine. Son devoir était de servir fidèlement là où l'avait placé la Providence. Son seigneur n'était pas César, mais le vicaire du Christ. C'est à lui qu'il devait obéissance. Mais à cette obéissance il avait manqué. Sur le plan terrestre, il avait

1. Huillard-Bréholles, *Introduction à l'histoire diplomatique*, *op. cit.*, p. 811.

répété la rébellion céleste de Lucifer. Il s'était exclu lui-même de la communion des fidèles. Sa peine était liée à son péché.

Au seuil de l'éternité, frère Élie reconnut la vérité. Son repentir fut profond et sincère. Il confessa son péché : « *Reddo me culpabilem Deo et vobis quia adhæsit Frederico contra mandatum Ecclesiæ et quia non portavi ordinem meum sicut debui, et peto ut injungatis mihi de his et de aliis poenitentiam sicut placet vobis*[1]. » Avec une pleine humilité, il accepta la pénitence et promit que, s'il guérissait, il se rendrait personnellement auprès du pontife pour faire acte de soumission et demander à être absous de la double excommunication qui l'avait frappé[2]. Entre larmes et soupirs il répétait : « Seigneur, aie pitié de moi pécheur ! Pardonne à ma vanité et à mon orgueil ! *Miserere mei Domine* ! » Le samedi de la semaine sainte, l'archiprêtre de Cortone D. Bencio donna à frère Élie l'absolution la plus large de l'Église catholique.

Le lundi de Pâques, en présence d'une nombreuse assistance de clercs et de laïcs, au milieu des larmes et de l'émotion de tous les assistants, frère Élie fut admis à recevoir la sainte communion des mains d'un prêtre de l'ordre appelé Deotefece.

Le jour suivant, le 22 avril 1253, sans cesser de répéter les mots du Psaume « *Miserere mei Domine* », frère Élie ferma pour toujours ses yeux mortels.

Il fut enseveli dans l'église franciscaine de Cortone qu'il avait construite[3]. Le 25 mai suivant, Innocent IV, qui avait, depuis son retour de Lyon, sollicité activement les offrandes et les

---

1. Procès de l'absolution de frère Élie, interrogatoire de D. Buono, abbé de Cigliolo.

2. La *Chronique des XXIV Généraux* donne une version différente (*Analecta Franc.*, t. III, p. 250).

3. Frère Salimbene raconte, presque avec complaisance, que quelques années après, un gardien fanatique fit exhumer la dépouille et la jeta dans un égout. Des mains pieuses la replacèrent dans la paix du tombeau. Le Père séraphique attendait la grande âme de son vicaire et lui-même l'accompagna, réconciliée, jusqu'au trône du Seigneur (*Fioretti*, chap. XXXVIII).

contributions en faveur de la basilique d'Assise et en avait énergiquement activé les travaux, consacra solennellement au culte des fidèles l'église supérieure.

C'était la gloire même de frère Élie que le pape consacrait.

Emerson distingue une catégorie spéciale d'hommes qu'il qualifie de *représentatifs* parce qu'ils concentrent en eux tous les caractères qui font l'originalité d'une époque et sa physionomie propre dans le cours des siècles. Frère Élie fut assurément l'un de ces hommes. Sa forte personnalité dépasse son temps de toute sa hauteur. Ami et conseiller de cardinaux, de papes, d'empereurs, de saints, il domina son siècle avec un génie incomparable. Il a été l'esprit politique le plus aigu de son temps. Partout où il a agi, il a laissé la trace unique de sa supériorité. La grande basilique franciscaine d'Assise est le témoin du génie démesuré de ce grand homme parmi les grands. Saint François l'aima d'une affection particulière et il porta au bienheureux Père une dévotion infinie. Selon la magnifique expression du chroniqueur: « Il fut une mère pour saint François et un père pour tous ses frères. » Il atteignit tous les sommets et tomba dans la plus profonde disgrâce. Redressé par la grâce divine, il mourut repenti et réconcilié dans le giron de la sainte Église. Loin d'être la honte et l'opprobre de l'ordre, il en a été une des gloires les plus hautes. Il a commis le péché d'orgueil; mais personne n'osa jamais émettre des doutes sur son intégrité morale. Il se laissa guider par la sagesse humaine, fut entraîné dans les voies détournées de la politique et, en frère, resta proche de l'empereur excommunié. Mais auprès de l'empereur il fut conseiller de paix et de modération, champion et non adversaire de l'Église. Sa vie religieuse fut en tout temps irréprochable. Il porta toujours l'habit franciscain avec fidélité et honneur. L'historien impartial doit restituer dans leur plénitude sa valeur et son mérite. Ce n'est pas un panégyrique, mais simplement l'honnête rétablissement de la vérité.

Annexe

Bulles pontificales

L'EXAMEN des bulles pontificales à propos de l'ordre présente l'intérêt de refléter fidèlement les étapes du développement de l'ordre. Celles qui sont relatives au gouvernement de frère Élie sont :

1/ *Ex parte Universitatis* du 29 mars 1222, où est donnée aux supérieurs des Frères mineurs de Santaren (Portugal), des prêcheurs et de la milice de Santiago la mission d'apaiser une dissension entre l'évêque et les prélats d'une part et l'université de Lisbonne d'autre part. Au pouvoir depuis un an seulement, frère Élie est appelé comme arbitre.

2/ *Devotionis vestræ*, du 29 mars 1222, qui contient le privilège accordé par Honorius III aux Mineurs de célébrer les offices divins dans leurs églises, même en période d'interdit.

3/ *Solet annuere*, du 29 novembre 1223, par laquelle Honorius III approuve la Règle des Frères mineurs.

4/ *Fratres Minorum*, du 18 décembre 1223, qui interdit aux frères de sortir de l'ordre après leur profession de foi.

5/ *Quia populares*, du 3 décembre 1224, qui donne le privilège de l'*altare viatico*, c'est-à-dire le droit de conserver l'eucharistie.

6/ *Non deberent Ecclesiarum Prælati*, du 18 septembre 1225, qui enjoint à l'évêque de Paris de défendre les Frères mineurs contre les vexations du clergé français, qui voulait les molester.

7/ *In eo quod audivimus*, du 4 octobre 1225, où Honorius ordonne à l'archevêque de Pise et l'abbé de Saint-Paul d'imposer aux magistrats l'immédiate libération d'un certain frère de

Lucques, incarcéré préventivement, quand Pise et Lucques se sont fait la guerre.

8-9/ *Vineæ Domini Custodes*, du 7 octobre 1225 et *Urgente officii nostri debito*, du 20 février 1226, qui traitent des missions franciscaines au Maroc.

10/ *Ex parte vestra*, du 17 mars 1226, qui accorde aux Frères mineurs du Maroc de recevoir des aumônes en argent. Toutes ces bulles, édictées par Honorius III du vivant de saint François et tous ces privilèges se réduisent à deux : l'*altare viatico* et la possibilité de célébrer les offices en temps d'interdit.

Durant le généralat de frère Élie, on relève les bulles suivantes :

1/ *Ad audientiam vetram* du 26 octobre 1232 qui charge l'évêque d'Arezzo de poser la première pierre du nouveau siège qui s'y construisait pour les Frères mineurs.

2/ *Quia potestatem*, du 4 janvier 1233, adressée à l'évêque de Senlis le chargeant de diffuser l'interdiction faite aux Frères mineurs de prêcher dans ce diocèse.

3/ *Quia proni*, du 14 février 1233, qui donne la possibilité à tous les archevêques d'absoudre les Frères mineurs de la censure ecclésiastique, appliquée aux maîtres de Frédéric II.

4/ *Coelestis altitudo*, du 15 février 1233, pour inviter le sultan de Damas à se convertir à la foi prêchée par les Frères mineurs.

5/ *Ita vobis*, du 9 mars 1233, adressée au ministre de l'ordre et aux Frères mineurs, qui confirme le privilège accordé en 1227 de la sépulture dans les lieux où les frères ont couvents et ermitages.

6/ *Devotionis vestræ*, du 10 mars 1233, qui renouvelle le privilège accordé en 1222 d'officier dans leurs propres églises en période d'interdit.

7/ *Animarum salute*, du 24 mars 1233, qui accorde aux Frères mineurs en mission chez les Infidèles le pouvoir d'absoudre des censures ecclésiastiques les chrétiens qui y demeuraient.

8/ *Quo vos in Christo*, du 19 mai 1235, qui interdit aux Cisterciens d'agréger les Frères mineurs à leur institut sans permission du pontife et du ministre général et leur enjoint de renvoyer ceux qui y sont déjà admis.

9/ *Quum jam per ejus*, du 18 juillet 1235, qui exempte les Frères mineurs d'être traduits en justice sans une dispense pontificale qui fasse mention du cas exceptionnel, bulle reprise le 21 février 1236.

10/ *Cum qui recipit*, de juin 1236, qui enjoint aux prélats de laisser prêcher les frères de leur diocèse.

11/ *Non solum in favorem*, du 13 juin 1236, qui empêche d'admettre qui que ce soit dans l'ordre sans noviciat préalable.

12/ *Licet olim*, du 6 novembre 1236, qui ordonne que les frères prêcheurs déjà passés dans l'ordre des Mineurs ne soient pas renvoyés à leur ordre primitif et *vice versa*.

13/ *Cum secundum*, du 23 mars 1237, qui rappelle l'obligation de l'année du noviciat avant la profession et interdit aux frères d'aller se promener hors de l'obédience.

14/ *Quoniam abundavit*, de juin 1237, qui ordonne d'arrêter et de punir ceux qui portent l'habit hors de l'obédience.

On ne peut donc parler de privilèges accordés à l'ordre à la requête de frère Élie.

Bibliographie

I/ Œuvres de Soter

Esoterismo biblico, Salvatore Landi, Florence, 1908.
Ésotérisme biblique, traduit en français et présenté par Anne-Marie Baron, L'Âge d'Homme, « Océan noir », Paris, 2015.
La religione del Cristo : saggio di cristianesimo esoterico, Bocca, Turin, 1914.
San Francesco d'Assisi, S. Belforte, Livourne, 1930.
Frate Angelo Tancredi, Soc. Intern. Di Studi francescani, Assise, 1932.
Giosue Borsi terziario di San Francesco, Tip. Oderisi, Gubbio, 1934.
Frate Elia, compagno di San Francesco, Edizione Mediterraneo, Rome, 1936.
Un eroe francescano : Giosue' Borsi, Edizione Mediterraneo, Rome, 1937.
La casa dove nacque san Francesco : studio critico, Tip. Tomassetti, Rome, 1942.
La casa e il parentado di S. Chiara, falsi e falsari dei secoli 16. e 17, studio critico, sign. Francesco Salvatore Attal, Miscellanea franc., Rome, 1946.
L'angelo della pace, Santa Catarina di Siena, Carabba, Lanciano, 1946.
San Francesco d'Assisi, Incisione del pittore Alfredo Tosello, 2e éd., Il Messaggero di S. Antonio, Padoue, 1947.
Le virtù francescane, Lanciano : R. Carabba, 1947.
Assisi città santa : come fu salvata dagli orrori della guerra, Editrice Miscellanea Francescana, Rome, 1948.

Frate Elia compagno di San Francesco, Edizione Mediterraneo, Rome, 1936 (nouvelle édition revue et augmentée, Edizioni Fides, Gênes, 1953).
I Salmi della Bibbia, traduzione italiana, Arti Grafiche Panetto e Petrelli, Spolète, 1963.

II/ Œuvres citées par Soter

Abate, Père Giuseppe, *La Leggenda napolitana di San Francesco*, Casa Éditrice Francescana, Assise, 1930.
Affò, Père Irenée, *Vita di frate Elia*, Filippo Carmignani, Parme, 1873.
Angeli, Francesco Maria, *Histoire du Sacré Couvent d'Assise*, Montefalco, 1704.
Anonyme Cortonais, *Vita di frate Elia*, Livourne, 1755,
Anonyme de la Portioncule ou frère Léon, *Miroir de Perfection*, version française de Paul Budry, 1911. Traduite du latin par la R. M. Marie-Pascal Dickson, oblate-moniale du Bec.
Attal, Salvatore, *San Francesco d'Assisi*, Belforte, Livourne, 1930.
Azzoguidi, Père Antoine-Marie, *Sanctii Antonii Sermones in Psalmos*, n. XXVI, Bologne, 1757.
Bartholomée de Pise, *De conformitate vitæ beati Francisci ad vitam Domini Iesu*, (AF 4 1906 et 5) 1912, Ad Claras Aquas.
Bernard de Besse, *Chronica XXIV Généralium ordinis Minorum*, 1337, in *Analecta franciscana*, t. III, pères de Quaracchi, Collège Saint-Bonaventure, 1897.
Bonaventure de Bagnoregio, *Légenda Major S. Francisci*, AF X, Quaracchi 1926-41.
Clareno, Ange, *Expositio Regulæ* et *Historia septem tribulitianum Ordinis Minorum* (1323-1325).
Facchinetti, Père Vittorino, *San Francesco d'Assisi nella storia, nella leggenda, nell'arte*, Santa Lega Eucaristica, Milan, 1921.
Glassberger, Nicolaus, G. F. Carolus Evers, *Analecta ad Fratrum Minorum Historiam*, Leipzig, 1882.

Golubovich, Père Jérôme, *Biblioteca bio-bibliografica della Terra Santa*, Padri di Quaracchi, Florence, 1906.

Gratien Père, capucin, *Histoire de la fondation et de l'évolution de l'ordre des Frères mineurs au XIII*[e] *siècle*, J. Duculot, Paris, 1928.

Grossetête, Robert, *Epistolæ*, éd. H. R. Luard, Londres, 1861.

Huillard-Bréholles, Jean-Louis, Alphonse, *Introduction à l'histoire diplomatique de l'empereur Frédéric II*, 3 vol., Plon, Paris, 1858-1859.

Joergensen, Jean, *Saint François d'Assise, sa vie et son œuvre*, Perrin, Paris, 1909.

Jourdain de Giano, *Fratris Jordani Chronica*, éd. H. Boehmer, Fischbacher, Paris, 1908.

Le Goff, Jacques, *Saint François d'Assise*, Gallimard, coll. « Folio Histoire », Paris, 1999.

Lempp, Édouard, *Frère Élie de Cortone. Étude biographique*, Fishbacher, Paris, 1901.

Michaud, Joseph-François, *Histoire des croisades*, 7 vol. (1812-1822), Ponthieu, Paris, 1825.

Père Michel de Florence, *Notizie critiche, istoriche e morali francescane concernenti la vita di San Francesco d'Assisi, le geste di frate Elia da Cortona etc*, 1778 (deux livraisons).

Montalembert, *Histoire de sainte Élisabeth de Hongrie*, version de l'abbé Nicola Negrelli, 2e éd., Prato, 1853.

Papini, Nicola, *La storia di San Francesco di Assisi, opera critica*, Tomassini, Fuligno, 1825.

Pères de Quaracchi, *Opuscola B. Patris Francisci*, Florence, 1904.

Sabatier, Paul, *Vie de saint François d'Assise*, Fischbacher, Paris, 1894.

Id., *Études inédites* publiées par Arnold Goffin, Fischbacher, Paris, 1932.

Salimbene de Adam, *Cronica*, *Vat. lat.* 7260.

Sbaralea, Johannus Hyacinthus, *Supplementum et castigatio ad scriptores trium ordinum S. Francisci* and *Bullarium Franciscanum* (4 volumes, Rome, 1759-1768).

Sparacio, Père Dominique, *Frate Elia, compagno, Vicario e successore di San Francesco Serafico*, Profilo storico, Milan, 1923.

Speculum perfectionis seu sancti Francisci Assisiensis legenda antiquissima auctore fratre Leonis, éd. Paul Sabatier (Collection d'études et de documents pour l'histoire religieuse et littéraire du Moyen Âge, I), Paris, 1898.

Speculum Vitæ Beati Francisci et sociorum ejus, (éd. de 1504), description par Paul Sabatier, Fischbacher, Paris, 1903.

Thode, Henry, *Saint François d'Assise et les origines de l'Art de la Renaissance en Italie*, Ulan Press, 1923.

Thomas de Celano, *Vita prima*, et *Vita secunda*, S. Rinaldi, 1806 ; Pères de Quaracchi, 1768.

Id., *La vie de notre bienheureux père François*, traduction française annotée et concordances par Jacques Dalarun, *Études franciscaines*, 2015, 2

Thomas d'Eccleston, *Tractatus fr. Thomas vulgo dicti de Eccleston de adventu fratrum Minorum in Angliam*, Fischbacher, Paris, 1909.

Ubertin de Casale, *Arbor Vitæ Crucifixæ Jesu,* 1305, Venise, 1485.

Wadding, Luc de, *Annales des frères mineurs* Rome : 1625, 32 vol. Réédition Quaracchi-Florence : Collège Saint-Bonaventure, 1931-1933, 25 tomes (vol. I-XVI, 1208-1540).

Winkelmann, Eduard, *Acta Imperii inedita seculi XIII et XIV*, Innsbruck, 1885, t. I.

III/ Documents et ouvrages modernes cités ou consultés par l'éditrice

Attal, Salvatore, *San Francesco d'Assisi*, Incisione del pittore Alfredo Tosello, 2e éd., Il Messaggero di S. Antonio, Padoue, 1947.

Attal, Salvatore / Todde, Michele, *Correspondance*, Assisi, Archivio storico della Basilica e Sacro Convento di San Francesco in

Assisi (=ASConv), Fondo Conventuale (=FC), Miscellanea Zanotti, 29/4, fasc. 3 (Père Michele Todde, lettere di Salvatore Attal, 1931-1935).

Barone, Giulia, *Da Frate Elia agli Spirituali*, Edizioni Biblioteca francescana, « Fonti e ricerche », 12, 1999.

Dahan, Gilbert, avec la collaboration de Sophie Delmas et Marcel Durrer, *François et ses frères lecteurs de la Bible au XIIIe siècle, Cahiers de l'Évangile* supplément n° 169, Cerf, Paris, septembre 2014

Dalarun, Jacques, *François d'Assise Écrits, Vies, Témoignages Sources Franciscaines Édition du VIIIe Centenaire*, Éditions Franciscaines/Cerf, Paris, 2010, 2 volumes.

Id., *François d'Assise en questions*, CNRS Éditions, Paris, 2016.

Id., bonus du film *L'Ami. François d'Assise et ses frères*, réalisé en 2016 par Renaud Fély et Arnaud Louvet.

Dallari, Primo, *Il dramma di Frate Elia*, Unione Editoriale Italiana, Milan, 1974.

Elia di Cortona tra realtà e mito, « Figure e temi francescani » 2, Fondazione CISAM, Spolète, 2014.

Merlo, Grado Giovanni, *Au nom de saint François, Histoire des frères mineurs et du franciscanisme jusqu'au début du XVIe siècle*, Cerf histoire/Éditions Franciscaines, Paris, 2006.

Perifano, Alfredo, « Deux sonnets alchimiques attribués à frère Élie de Cortone », *Chrysopœia*, 2, 1988, cité par Jean-Claude Margolin, Sylvain Matton, in *Alchimie et philosophie à la Renaissance* – Actes du colloque international de Tours (4-7 décembre 1991), Vrin, Paris, 1993.

Pic de La Mirandole, Jean, *900 conclusions philosophiques, cabalistiques et théologiques* (décembre 1486), trad. Bertrand Schefer, Allia, Paris, 1999, éd. bilingue latin-français.

Sabatier, Paul, *Vie de saint François d'Assise*, Fischbacher, Paris, 1894.

Saint François d'Assise, *Documents, Écrits de François et premières biographies* rassemblés par les pères Théophile Desbonnets et

Damien Vorreux, o.f.m., Éditions Franciscaines, Paris, 1968 ; 3e éd., 2002.
Scholem, Gershom, « Considérations sur l'histoire des débuts de la Cabale chrétienne », traduit de l'anglais et du latin par Jean-Marc Mandosio, in *Kabbalistes chrétiens*, *Cahiers de l'Hermétisme*, Albin Michel, Paris, 1979.
Vauchez, André, *François d'Assise*, Fayard, Paris, 2009.

Index

Table

Achevé d'imprimer le 13 février 2018
sur les presses de
La Manufacture - Imprimeur – 52200 Langres
Tél. : (33) 325 845 892

N° imprimeur : 180176 - Dépôt légal : février 2018
Imprimé en France

CET OUVRAGE A ÉTÉ COMPOSÉ
PAR ATLANT'COMMUNICATION
AU BERNARD (VENDÉE).